...für die Liebe in uns allen

Susanne Timm

Loving Awareness

Liebevolles Gewahrsein

Wege ins wahre Leben - ein Praxisbuch

ISBN 978-2-9565985-0-3

1. Auflage 2018

© Susanne Timm 2018

Coverbild: Moqui-Marble, Devanath

Logo: Susanne Timm

www.loving-awareness.de

Inhalt

LOVING AWARENESS 9

Die Kraft der Mitte 13

Verbundenheit 15

Meditation 21

Ernährung und Bauchgesundheit 27

Bewegung und Lebenskraft 33

Heilende Hände 39

Heilung und Bewusstsein 45

Wahrheit und Wandlung 47

Selbst-Coaching 53

Krisen als Chance 59

Spielen 65

Alltag als Übung 71

Romantische Liebe 77

Lebendige Polarität 79

Liebe und Heilung 85

SelbstLiebe 91

Liebende 97

Heilige Berührung 103

Miteinander 109

Kommunikation 111

Kooperation 117

Kinder 123

Pflanzen und Tiere 129

Kultur und Gesellschaft 135

Mensch · Natur · Sein 141

Sinne 143

Spüren 149

Elemente 155

Wildnis 161

Sein 167

Vision 173

Über mich 177

www.loving-awareness.de

LOVING AWARENESS

Loving Awareness, also **liebevolles Gewahrsein** ist für mich wesentlich für alle menschliche Heilung und Entwicklung. Und ja, auch für Liebe, Glück und Lebensfreude! Gern verwende ich den englischen Begriff, da er sich so „flüssig" und stimmig anfühlt und eine komplexe Bedeutung hat, die sich in der deutschen Sprache nicht so leicht ausdrücken lässt.

Loving bedeutet: liebevoll, liebend, zärtlich.

Awareness: Achtsamkeit, Bewusstsein, Gewahrsein.

Das Wort „Achtsamkeit" kennen viele Menschen vor allem von der Meditation, aus dem Zen-Buddhismus, über die Bücher von Thich Nhat Hanh, Jon Kabat-Zinn und anderen. Mehr und mehr taucht der Begriff auch im täglichen Leben und im weiten Bereich von Psychologie und Gesundheit auf. Achtsamkeit ist zum Modewort geworden und findet damit weite Verbreitung, verliert manchmal aber auch an Tiefe und echter, und vor allem praktisch anwendbarer, Bedeutung. Auch aus diesem Grund verwende ich gern das etwas altmodische „Gewahrsein". Nicht nur enthält dieses Wort „wahr" und „sein"; dazu hat es in seiner Bedeutung neben Bewusstsein und Aufmerksamkeit auch noch einen direkteren, spürbar körperlichen Aspekt: Wahrnehmung und Präsenz. Achtsamkeit kann auch nur von unserem Geist kommen, zum Gewahrsein brauchen wir unser ganzes System.

Wahrnehmen, was ist.

Das hört sich leicht an, ist es aber für unseren „westlichen" Geist nicht, welcher an Interpretation und Wertung so gewöhnt ist, dass es uns garnicht mehr auffällt. Noch bevor wir eine Wahrnehmung wirklich durchdringen und etwas direkt und wahrhaft spüren, startet ganz automatisch die Analyse und das Urteilen. Oder auch die unbewusste Verdrängung. Unsere Mechanismen, *nicht* zu spüren, was ist, sind äußerst zahlreich und vielfältig. Besonders in unserer modernen Gesellschaft rennen wir ziemlich unbewusst durchs Leben und haben nicht nur die wirkliche Nähe zu anderen (Menschen)Wesen und zur Natur verloren, sondern meist auch zu uns selbst.

Wer ist *wirklich* lebendig? Wer authentisch?

Wer ist wahrhaft und mit ganzer Seele und allen Sinnen in Kontakt mit sich selbst?

Wer kennt sich selbst bis in seine tiefsten Schichten, seine Abgründe, Sehnsüchte und innersten Wahrheiten? Wer kann sich selbst betrachten und sein eigenes Sein wahrnehmen, mit allem Licht und allem Schatten? Und akzeptieren, was ist. Oder gar lieben? Sich selbst und damit auch das Leben?

Sehr, sehr wenige Menschen... Bist *du* einer von diesen?

Oder auf deinem Weg? Das freut mich zutiefst!

Und auf diesem Weg gibt wohl kaum ein lebendigeres und wirkungsvolleres „Werkzeug" als Bewusstsein, Achtsamkeit, Gewahrsein... gleichsam die Essenz aller Methoden.

Liebevolles Gewahrsein. **Loving Awareness**.

Wir können uns selbst, unseren Gefühle und anderen Wesen nicht nur unsere Achtsamkeit schenken, wir können dies auch ganz besonders liebevoll tun. So liebevoll, wie eine Mutter ihr Baby hält oder wir einen jungen Vogel tragen würden, der aus dem Nest gefallen ist. Zart und beschützend, freudvoll und sanft, mit offener Seele und verbundenem Herzen.

Dies bedeutet auch das Logo von „Loving Awareness": wie eine Mondsichel oder Schale, die etwas Seiendes gefühlvoll trägt, aber so leicht und respektvoll, dass das „Bewahrte" es selbst bleiben *und* gesehen werden kann. *Das* meine ich mit liebevoll.

Liebe ist für mich in allererster Linie ein Seinszustand. Eine innere Haltung oder ein Gefühl, dass erstmal noch garnichts mit anderen Wesen zu tun hat. Liebe ist in mir. Und ich *bin* Liebe.

Darauf komme ich ganz am Ende dieses Buches nochmal zurück. Aber schon jetzt zum Verständnis: wenn ich im Folgenden von „Liebe" spreche, dann meine ich die verschiedenen Qualitäten der Liebe in *mir* und im gesamten Sein des Lebens, die ich mehr und mehr erfahre. Selten sehr intensiv, meist ganz zart und unterschwellig, eher wie eine leichte Schwingung als ein konkretes Gefühl. Liebe lässt sich kaum in Worten beschreiben, genauso wenig wie das „Sein". Deswegen haben die weisesten der Weisen auch am liebsten geschwiegen. In wahren Worten ist mir das liebste Äquivalent für Liebe „Verbundenheit".

Verbundenheit mit mir selbst, mit anderen und mit dem Leben. Und diese Verbindung, diese „Liebe" fühlt sich einfach wundervoll an: offen, freudvoll, frei. Einfach *richtig*. Als wenn *das* der Seinszustand ist, der unser eigentliches Zuhause ist und vielleicht auch mal war... im Paradies... im Mutterbauch...

In unserer Kultur projizieren wir all' diese Liebes-Sehnsucht auf einen „uns liebenden Partner", der uns auch am besten niemals wieder verlässt und uns *immerwährend* liebt. Was meist so überhaupt nicht funktioniert. Und dafür ist aus meiner Sicht die Liebe zwischen Mann und Frau auch nur anteilig vorgesehen, aber natürlich etwas sehr Schönes. Um diese geht es im Kapitel „Romantische Liebe". Ansonsten um alle anderen „Lieben"...

Wenn ich hier oft von Liebe, Freude und Freiheit spreche, meine ich das nicht im Sinne vom belustigten „Friede, Freude, Eierkuchen". Natürlich nicht. Ich denke ganz ernsthaft, dass diese Qualitäten oder Gefühle in unserer Gesellschaft absolut zu kurz kommen oder in einer „verqueren" Form gelebt werden. Wie in besagten Liebesbeziehungen, die immer noch auf dem netten Prinzip des „AMEFI" beruhen (AllesMitEinemFürImmer), welches sich ja schon lange als nicht tragfähig erwiesen hat. Zumindest nicht in Kombination mit der romantischen Liebe.

Und so ist auch in unserem Verhältnis zur gelebten Freude und zur Freiheit der „Wurm" drin, finde ich. Dazu, wie gesagt, am Ende dieses kleinen Anregungsbuches mehr...

Die folgenden 100 Anregungen sind dafür da, dich zu inspirieren.

Inspiration zu tiefer Wahrnehmung und Präsenz, zu Sinnlichkeit und lustvollen Abenteuern, zu liebevoller Kommunikation und authentischem Miteinander; nicht immer „leicht", aber immer echt. Wenn du Lust hast, oder durch die Anregungen Lust bekommst, dich näher mit dir selbst zu beschäftigen, ist plötzlich *alles* in deinem Leben wertvoll und heilsam. Einfach alles.

Ich habe es für mich selbst einmal so formuliert:

„Jede Person und Situation in meinem Leben ist ein Geschenk der Liebe für meine Heilung und Selbstentdeckung." *Jede*.

Das hat etwas mit Selbstverantwortung zu tun.

Und mit Bewusstsein. Manchmal muss ich mir ein „Geschenk" schon sehr genau anschauen, um zu realisieren, was es genau dazu macht. Oft sieht es nämlich zunächst garnicht danach aus. Und eine „Situation" meint natürlich auch eine innere Situation, *deine* Situation: deine erfreulichen Gefühle und deine schmerzhaften; deine Sehnsüchte oder deine Wut... Wie jedes Wesen „gesehen" werden möchte, will alles „Wesentliche" auch in dir entdeckt werden. Manches kann schon „erlöst" sein, wenn du es nur erkannt hast, manches braucht ein wenig mehr Arbeit und „Tiefgang". Und der Lohn der ganzen Plackerei? Genau: mehr Liebe, Freude und Freiheit in deinem Leben! Mehr Wahrhaftigkeit. Mehr Lebendigkeit. Mehr Sinnlichkeit und Lust; mehr Verbundenheit mit dem Sein. Echt! Und das Mittel?

Loving Awareness - liebevolles Gewahrsein.

Und eine „starke Mitte" ist die Basis...

DIE KRAFT DER MITTE

Verbundenheit

GAIA

Kennst du die „Gaia-Hypothese"? Sie wurde von James Lovelock in den 1960ern entwickelt und besagt, dass die Erde „ein sich selbst organisierender Organismus" ist. In jungen Jahren arbeitete Lovelock für die NASA und sollte als Wissenschaftler herausfinden, ob es Leben auf dem Mars geben könnte. Dabei kam er zu der Erkenntnis, dass die *Atmosphäre* eines Planeten die besten Rückschlüsse auf eine vorhandene Biosphäre zulässt. Diese Erkenntnisse übertrug er auf die Erde. Der Beginn einer großen „Reise" in die Geheimnisse dieses besonderen Planeten. In wissenschaftlichen Kreisen natürlich umstritten (schon allein wegen des Namens „Gaia", der griechischen Göttin der Erde; und Götter haben ja in der Wissenschaft nichts verloren), wird die These zunehmend durch geowissenschaftliche Erkenntnisse gestützt, und auch vermehrt anerkannt, zumindest anteilig. Aber „Gaia" kann mensch nicht zerstückeln: dieser *lebendige* Organismus (in seiner komplexen Einbindung in das große Ganze des Universums) ist eine „Einheit", die für uns „kleine Menschen" einfach nicht erfassbar ist. Zumindest noch nicht. Und nicht allein mit dem Verstand. Gaia will *erlebt* werden!

Zur Rückbindung an Gaia und damit an das Leben selbst, möchte ich dir ein Buch und eine kleine „Übung" empfehlen. „Lebendige Erde" (original „Animate Earth") von Stephan Harding gibt einen fundierten und spannenden Überblick zur Gaia-Theorie und deren wissenschaftlicher Grundlage. Nach der Lektüre wirst du die Erde und unser Leben auf ihr ganz anders wahrnehmen können. Am eindrücklichsten für mich war Hardings Anregung, die Schwerkraft als die Liebe der Erde für ihre „Kinder", also alle Lebewesen zu sehen. Was für eine schöne Idee! Und diese Liebe ist vollendet: sie hält uns grad so fest an der Erde, dass wir nicht „runterfallen" und lässt uns gleichzeitig so viel Raum, dass wir uns frei auf ihr bewegen können. Ist das nicht genial?

Verbinde dich einfach mal mit Gaia, lege dich auf sie: spüre, wie du getragen bist und gleichzeitig frei... fühle Gaias Liebe!

DER NABEL DER WELT

Grad habe ich eine für mich erstaunliche Entdeckung gemacht: es gibt den „Nabel der Welt" tatsächlich! Als Ort, meine ich; und davon gleich mehrere, die im Laufe der Geschichte diesen Namen trugen. Aus mittelalterlich christlicher Sicht befand sich dieser in der Grabeskirche in Jerusalem. Und auch wenn ich wahrhaft kein Fan der Kirche bin, diesen „Nabel der Welt" finde ich sehr schön: es ist ein Gefäß, ein Kelch, ein Gral mit einer „Füllung" die an einen Nabel erinnert. Ich schätze, dass dieses Symbol viel, viel älter ist als die Grabstätte von Jesus, ganz sicher noch älter als alle monotheistischen Religionen. Ein „gefüllter Gral", das gefällt mir sehr. Steht doch der Gral bzw. Kelch für das weibliche Prinzip, für das Behütende, Gebärende, Nährende.

Neun Monate unseres Lebens waren wir über den Nabel mit unserer Mutter verbunden. Von der Plazenta sowohl ernährt als auch vom Blutkreislauf der Mutter getrennt, waren wir sowohl gut geschützt als auch versorgt. Wir schwebten gleichsam im warmen Fruchtwasser und entwickelten uns in diesem Wunder des Lebens; noch „All-Eins", keine Trennung, kein „Ich", nur Einheit. Das Pochen des Herzens der Mutter, die gedämpften Geräusche der Stimmen und der Außenwelt, der leichte Geschmack nach dem, was die Mutter gegessen hat. Kein Bewusstsein, keine Zeit und kein Raum... pure Existenz.

Nach dieser Verbundenheit, dieser „Geborgenheit im Sein" sehnen wir uns alle zutiefst. *Alle* Menschen. Und ganz besonders wir, die wir aus dem „Paradies" der All-Einheit verstoßen wurden und uns immer mehr von uns selbst und der Natur trennen. Aber wir können uns wieder verbinden, bewusst die Einheit wieder erleben, *erinnern*... denn wir waren nie getrennt.

Mache es dir z.B. in der Badewanne bequem und spüre deinen Nabel. Stell' dir vor, er ist der „Nabel der Welt". Das ist er nämlich! Das Universum ist unendlich und *alles* ist sein Mittelpunkt, auch *dein Nabel*. Dein Nabel der Welt...

DER BAUM

Ich liebe Bäume. Wälder, Baumgruppen und ganz besonders frei stehende, einzelne Bäume. Leider gibt es dieser nicht mehr so viele in unserer modernen Kulturlandschaft. Uralte Eichen oder Linden waren früher Versammlungsplätze und wichtige Wegmarkierungen; noch früher waren charaktervolle Bäume oder heilige Haine die „Kirchen" der Kelten und Germanen. Bäume haben eine majestätische Schönheit und eine unvergleichliche Kraft und Ausstrahlung. Vielleicht gibt es in deiner Umgebung noch eine alte Eiche oder einen anderen Baum, zu dem du dich hingezogen fühlst. Besuche ihn so oft du kannst, rede mit ihm, lehne dich an ihn, spüre und fühle das Leben, das durch ihn hindurchströmt. Bäume sind großzügig, sie teilen gern und werden dir etwas von ihrer ruhigen Lebendigkeit abgeben.

Auch wenn ein Baum seinen Platz nicht verlassen kann und wir beweglich sind auf dieser schönen Erde... wir haben mit Bäumen etwas gemeinsam: wir stehen aufrecht zwischen Erde und Himmel, sind beide die geliebten Kinder von „Mutter Erde" und „Vater Himmel", um es poetisch auszudrücken. Und in den Himmel können wir genauso „greifen" wie die Bäume, aber unsere Verbindung zur Erde ist durch unsere „Losgelöstheit" instabiler. Wir haben keine realen Wurzeln. Wusstest du, dass viele Bäume unter der Erde Wurzeln in der gleichen Ausdehnung haben wie ihre Krone? Von dieser „Verwurzelung" könnten wir Menschen auch etwas mehr gebrauchen, findest du nicht?

Suche dir einen schönen Platz in der Natur und stelle dir vor du wärest ein Baum. Stehe aufrecht und entspannt; wenn du magst kannst du die Arme wie Äste oder Schwingen zum Himmel heben, weit offen für das unendliche Sein. Spüre die Sonne, den Wind, vielleicht den Regen... Dann fühle tief hinunter zu deinen Wurzeln, sie wachsen aus deinen Füßen, tiefer und tiefer in die Erde hinein; sie breiten sich aus, verzweigen sich, werden kräftiger. Spüre in sie hinein, in die wärmende Energie, die deine Wurzeln durchströmt. Auch *du* wirst von Mutter Erde genährt.

DANKBARKEIT

Wir können in unserem Leben für so vieles dankbar sein: ein Dach über dem Kopf, Augen um zu sehen, Nahrung für unseren Körper, das Licht und die Wärme der Sonne... Oft nehmen wir die guten Dinge unseres Lebens aber selbstverständlich und fixieren uns gleichsam auf das, was nicht so gut läuft. Ein wenig mehr Dankbarkeit würde uns allen gut tun: sich für den neuen Tag bedanken, das Essen bewusst würdigen oder sich einfach mal alles aufschreiben, wofür mensch im Moment dankbar ist. Ich habe das oft getan und es war immer gut, mich zu „erinnern". Aber irgendwie ging es nie tiefer, berührte mich nicht wirklich. Und dann noch dieses subtile Gefühl von „du musst" dankbar sein, als wäre es eine Pflicht und ich solle mich schämen, wenn ich nicht dankbar bin. Das ganze Wort hat so etwas... ja, was eigentlich? Dankbar sein... Da kommt einiges zusammen: das mit der Verpflichtung. Zudem kann das Wort auch „genügsam" oder „bedürfnislos" bedeuten und damit schleicht sich so ein asketisch-religiöser, ja fast „unterwürfiger" Aspekt ein. Jedenfalls bei mir. Und mir wird auch klar, woher diese Bewertung kommt: aus der „aufgeklärten" Umgebung, in der ich aufgewachsen bin. „Gott ist tot". Punkt. Und an etwas „Höheres" glauben nur die, die mit der *Realität* der Sinn- und Gottlosigkeit des Lebens nicht umgehen können. Und da schließt sich der Kreis zur Dankbarkeit: wem oder was gegenüber sind wir denn eigentlich dankbar? Für mich ist es das *Leben* selbst, mensch könnte aber natürlich auch Gott oder Quelle oder Großer Geist sagen. In jedem Fall *ist* es etwas *Höheres*, Umfassenderes als wir es sind. Uns wurden Augen zum Sehen *gegeben* und wenn wir gesund sind liegt es anteilig an unserer guten Lebensführung, genauso aber am Schicksal, das es gut mit uns meint. Je mehr ich mich als Teil des großen Ganzen sehen kann, gleichsam geborgen im Leben, desto leichter fällt es mir dankbar zu sein. Ganz von selbst. Und je mehr ich mir meiner selbst und allem anderen gewahr werde, desto größer wird meine Liebe zum Leben. Und meine Dankbarkeit. Aus tiefstem Herzen und ganzem Sein.

Meditation

UNSERE WURZELN

Zurück zu den Wurzeln. Wurzeln, die uns „erden" und die ein gewissen „Gegengewicht" zu unserer heute so rationalen und virtuellen Lebensweise bilden. Kennst du noch diese russischen Babuschka-Puppen? Das sind eiförmige, ineinandergesteckte Holzfiguren, die *unten* so schwer sind, dass sie immer wieder ins Lot kommen. Bei uns heutigen Erdenbewohnern ist es irgendwie umgekehrt: wir sind *oben* so „schwer", dass wir uns dort auch immer wieder „einpendeln". Aber das ist unphysiologisch und funktioniert auf Dauer nicht wirklich. Aber mit genug Wurzeln und genug „Hara" (dazu gleich) haben wir ausreichend Erdung, um dort oben im Kopf unsere „luftigen" Sprünge zu machen; *ohne* diese Basis verlieren wir die Verbindung nicht nur zur Erde, sondern auch zum Leben und zu uns selbst. Unsere körperlich-energetische „Wurzel" liegt im Anus-Genitalbereich, zentriert auf dem Damm. So heißt es im indischen Chakrensystem auch „Wurzelzentrum" und „Huiyin, Zusammenkunft des Yin" in der Akupunktur. Nach jenen Lehren liegt in diesem Bereich die energetische Grundlage für unser Urvertrauen, unsere innere Stabilität und Durchsetzungskraft sowie zu unserer Sexualität und ursprünglichen Überlebens- und Lebenskraft. Das ist doch was. Da lohnt es sich doch, diesen unseren Wurzeln ein wenig mehr Aufmerksamkeit zu schenken. Und es wird auch klar, warum wir eine regelrechte Angst vor „da unten" haben: da liegen unsere Triebe, das Animalische in uns, alles, was schwer zu kontrollieren ist, wenn es mal „wach" wird. Da bleiben wir lieber „da oben" im Kopf und haben alles schön unter Kontrolle. Aber das funktioniert natürlich nur bedingt, wir sind ja „ganzheitliche" Wesen, ob wir es wollen oder nicht. Und wir *brauchen* unsere Wurzeln: sie schenken uns Verbundenheit und Erdung, Vertrauen und Beständigkeit, Lust und Lebenskraft!

Nimm' dir ein wenig Zeit für dein Wurzelzentrum: spüre und atme tief hinein; fühle leichte Anspannungen und wie sie sich lösen; berühre und massiere den Bereich mit einem guten Öl; erforsche dich selbst und entdecke sie neu: *deine* Wurzeln.

HARA-MEDITATION

Wenn es um „Mitte", Erdung und die Einheit des Seins geht, ist Hara für mich das wichtigste Konzept, das Menschen aus praktischer Erfahrung und innerer Einkehr jemals entdeckt haben. Hara kommt aus dem Japanischen und heißt wörtlich übersetzt „Bauch". Und um diesen geht es auch: um den ganzen Bereich vom unteren Becken bis zum Zwerchfell, insbesondere aber um einen Punkt etwa zwei Fingerbreit unterhalb des Bauchnabels im Inneren unseres Unterbauchs. Diesen Punkt nutzen nicht nur die Samurai fürs „Harakiri", der Hara ist zentraler Bestandteil der japanischen Lebensart und Grundlage der Zen-Meditation und der Kampfkünste. Kein „Zen und die Kunst des Bogenschießens", keine Teezeremonie, kein Karate... ohne Hara. In unserer „Erdmitte", dem Hara sind wir zentriert und gebündelt, hier fließt das Qi und wird gespeichert, hier sind wir mit allem verbunden: mit der Natur, dem Sein, mit unserem wahren Selbst, welches nicht unser „kleines Ich" da oben im Kopf ist, sondern etwas weitaus Größeres. Im Hara sitzt auch unser Wille, die Art von Kraft und „Macht", die aus unserem Ursprung kommt. Kleine Kinder sind noch ganz Hara, noch ganz verbunden mit sich und dem Sein. Aber das gewöhnen wir ihnen in unserer Kultur schnell ab. Für mich wäre Hara in jeder Schule und Universität Hauptfach. Hara und Loving Awareness. Das meine ich ganz ernsthaft. Nur nicht so streng wie bei den Japanern, dafür liebevoller und fröhlicher. Wenn du dich näher mit dem Hara beschäftigen möchtest, empfehle ich dir sehr: Karlfried Graf Dürkheim: „Hara - Die Erdmitte des Menschen."

Setze dich aufrecht und entspannt auf einen Stuhl oder den Boden, dabei z.B. im halben Lotussitz oder im japanischen Sitz einfach auf deinen Fersen. Lenke deine Aufmerksamkeit in den Unterbauch, in den Hara. Du kannst auch deine Hände zu Hilfe nehmen und sie auf deinen Unterbauch legen. Werde gewahr, wie sich dein Zentrum mit der Atmung hebt und senkt. Lasse dich zutiefst „nieder" in dein Becken, deine Mitte, dein Hara. Hier liegt dein wahres Wesen und dein eigentliches Zuhause.

DER BERG

Und noch ein wenig „Mitte stärken", da wir in unserer Kultur ja die reinsten „Kopffüßler" sind und fast vergessen haben, dass wir überhaupt eine Mitte *haben*. Und *brauchen*. Mit einer starken Mitte würden wir uns achten und einfach nicht so lange überfordern, dass es im Burnout endet. Oder uns überhaupt so stressen lassen. Ein Mensch mit einer starken Mitte und Erdung ist wie ein „Fels in der Brandung". Oder ein Berg...

Sitze dich bequem hin, ganz besonders toll ist hier der halbe Lotussitz, da dir diese Sitzposition schon so ein „Berggefühl" gibt: oben schmal und unten breit. Aber es geht natürlich auch jede andere Sitzposition, solange der Rücken aufgerichtet ist und du dich entspannen kannst. Stelle dir nun vor, du seist ein riesiger Berg. Vielleicht ein Berg, den du kennst und gern besteigst, oder einer, den du von Fotos kennst. Stelle dir vor, dass dein Kopf von frischem Wind umweht wird, es ist angenehm kühl in dieser Höhe. Adler schweben in der Freiheit der Lüfte über dich hinweg. Dein Kopf ist der Gipfel des Berges. Hier oben ist die Luft so klar, alles ist leicht, fast schwerelos. Deine Schultern liegen ein wenig tiefer, aber noch oberhalb der Baumgrenze. Noch ist die Luft kühl und erfrischend, nichts belastet in diesen Höhen, du kannst deine Schultern locker lassen. Deine Arme, dein ganzer Oberkörper sind der große Berg; Steine und Felsen liegen auf deinem harten Gestein, aber auch Almwiesen mit wunderschönen Wildblumen und sich tollenden Murmeltieren. Es ist Sommer: genieße die Leichtigkeit des Seins! Und nun gehe tiefer, du wirst immer breiter und schwerer; Wälder breiten sich auf dir aus, die Luft wird wärmer und voller. Mehr Pflanzen und Tiere tummeln sich auf dir, noch mehr Leben. Dein Becken, deine Beine sind das Fundament des Berges, du *bist* der Berg. Dort, wo du auf dem Boden sitzt, bist du, der Berg, noch nicht zu Ende. Das Gestein geht seitlich in die flachere Landschaft über; und reicht tief nach unten in den Erdmantel, tiefer und tiefer bis zum heißen Kern der Erde. Deine Mitte ist auch die Mitte des Berges, ihr seid eins. Alles ist eins.

BODY LOVE

Vielleicht kennst du den sogenannten Body-Scan durch das Stressreduktionsprogramm von John Kabat-Zinn. Die Basis dieser heilsamen und entspannenden Achtsamkeitsübung ist aber schon Jahrtausende alt. Ich selbst kenne diese Körper-Meditation aus dem Qigong und habe sie immer als sehr wohltuend empfunden, besonders wenn sie am Kopf beginnt und an den Füßen endet (bei Kabat-Zinn ist es umgekehrt). Natürlich ist das Geschmacksache, aber aus meiner Sicht brauchen grad wir „Kopfmenschen" ein in Fluss kommen und *Ableiten* der Energie nach *unten*. Und auch wenn in dieser Übung nichts *getan* wird, hat die Art und auch die Abfolge unserer Achtsamkeit große Auswirkung auf den Energiefluss. Unsere Lebensenergie, das Qi folgt der Aufmerksamkeit. Und da es hier ja um *liebevolles* Gewahrsein geht, habe ich noch ein wenig „Liebe" reingepackt: „Body Love". Lege dich bequem auf den Rücken und strecke dich richtig gut durch: die Arme, die Beine, alles mal so richtig lang machen. Dann komme zur Ruhe, lege die Hände locker neben deinen Körper und fühle deinen Atem. Einfach nur fühlen, gewahr sein, nichts machen. Wo spürst du deinen Atem, ist er eher flach oder tief? Fühlst du, wo dein Körper auf der Unterlage aufliegt? Gehe mit deiner Aufmerksamkeit zu deinem Kopf, zu der Stelle am Hinterkopf, die deinen Kopf mit dem Untergrund verbindet. Lasse deinen Kopf schwer werden und noch mehr in die Unterlage „einsinken". Nimm' nun deinen Kopf in seiner Gesamtheit wahr, dieses fast kugelförmige Gebilde, was dir so viel schenkt: ein Gehirn zum Denken und zum Fühlen; Sinne, um die Welt wahrzunehmen. Schenke deinem Kopf ein liebevolles Lächeln und spüre, wie sich deine Stirn und dein Gesicht entspannen. Ganz von selbst. Gehe nun weiter durch deinen ganzen Körper, spüre in alle Körperteile und Organe hinein und bade sie in deinem Gewahrsein, deiner Liebe und deiner Dankbarkeit.

Oder gestalte deine eigene Übung: schreibe und nehme per Recorder auf, was dir gut tut und folge dann deiner „Body Love".

Ernährung und Bauchgesundheit

WARMES FRÜHSTÜCK

Eine der effektivsten Methoden zur Stärkung der Mitte ist ein warmes Frühstück. Warm, leicht verdaulich, nährend und natürlich lecker. Mensch möchte sich ja schon am Abend zuvor darauf freuen. In unserem Kulturkreis ist ein warmes Frühstück sehr ungewöhnlich (außer in England mit seinem schweren breakfast, was hier natürlich nicht gemeint ist).

In vielen Ländern ist warm frühstücken, auch herzhaft und pikant, ganz normal und gehört teilweise (z.B. in China und Japan) zur Lebenspflege und Gesundheitsvorsorge. Auch bei uns war das warme Frühstück früher einmal die Regel.

Vor langer Zeit habe ich auf einem Bergbauernhof in Österreich gearbeitet. Nach dem Melken der Kühe und vor der harten Arbeit gab es eine große Schüssel Dinkelbrei. Das gab Kraft für den Tag. Und das waren keine Alternativen oder Aussteiger; diese Bauern waren nie „eingestiegen" in unsere moderne Gesellschaft und deren (oft ungesunde) Ernährungsweise.

Auch als gesund eingestufte Lebensmittel wie Obst, Müsli und Rohkost haben natürlich ihren Wert, sind aber morgens schwer zu verdauen und schwächen die Mitte.

Am förderlichsten für unser Verdauungssystem und eine starke Mitte sind warme Suppen oder Breie. Das hört sich nicht so hübsch an und lässt uns an Babykost denken. Ein Brei kann aber durchaus lecker sein! Wärm' dein Müsli doch einfach mal mit ein wenig Wasser auf und schnipple noch einen Apfel rein. Koche dir Hirse vor (besonders Mitte stärkend!) und bereite Sie mit Trockenfrüchten und Nüssen. Oder erwärme etwas Haferdrink oder Mandelmilch und würze mit Zimt, Kurkuma und Honig. Super lecker. Und eine Wohltat für dein ganzes System. Auch eine herzhafte Suppe ist eine wunderbare Mahlzeit am Morgen.

Probiere das warme Frühstücken einfach mal aus! Es wird dich stärken für den Tag und dir ganz sicher gut tun.

KRAFTSUPPEN

Kraftsuppen sind auch ein schöner Weg um die Mitte zu stärken, den Körper aufzubauen, das Blut und das Qi zu nähren. Ich kenne Kraftsuppen vor allem aus der Traditionellen Chinesischen Medizin (TCM), aber auch bei uns haben sie eine lange Tradition. Viele Jahrhunderte lang war der Eintopf (neben dem Getreidebrei) die Nahrungsgrundlage der Bevölkerung Mitteleuropas. In jedem Haushalt hing ein großer Topf über dem Feuer und wurde immer neu mit Gemüse und Fleisch aufgefüllt und köchelte den ganzen Tag vor sich hin (oder sogar mehrere Tage), damit der Inhalt nicht verdarb und jederzeit eine Mahlzeit zur Verfügung stand. Neue Anteile im Topf waren also frisch und damit noch knackig und vitaminreich, die länger gekochten dagegen gaben intensiven Geschmack und die „Kraft" des langen Kochens, sprich des Feuers.

Heute legen wir sehr viel Wert auf die Inhaltsstoffe der Nahrung (die davon immer weniger hat), aber weniger auf deren *Energie*. Kraftsuppen heißen so, da sie Kraft schenken. Lebenskraft. Probiere das einfach mal aus. Besonders im Winter und zur Regeneration nach Krankheit oder Geburt kann eine selbst gemachte Kraftsuppe wahre Wunder bewirken. Basis ist eine lange gekochte Kraft*brühe*, aus der du dann schmackhafte Gerichte bereiten kannst, ähnlich einer Bouillon.

Für eine Fleisch-Kraftbrühe eignen sich z.B. Rinder-Markknochen oder Hühnerkarkassen. Bitte unbedingt „bio" und nicht zuvor eingefroren. Soll ja noch Kraft drin sein. Dazu wärmende Gewürze wie Pfeffer, Wachholderbeeren, Nelken, Ingwer, Kurkuma, Petersilie etc. Auch Gemüsebrühen schenken Kraft: Wurzelgemüse, Lauch, Zwiebeln, Knoblauch, Kräuter... Und nun alles lange, wirklich lange, köcheln lassen, 3 Stunden sind sehr gut. Danach abseihen und nur die Brühe verwenden, als Basis für Suppen, Eintöpfe, Getreidegerichte...

Darin steckt nun die Kraft. Lasse dich von ihr nähren!

PFLANZEN UND KRÄUTER

Die Natur schenkt den Menschen wohlschmeckende, gesunde Nahrung und Heilkraft in Hülle und Fülle. Und da wir selbst Natur sind, ist es aus meiner Sicht am sinnvollsten, sich natürlich oder möglichst naturbelassen zu ernähren und die Natur auch zur Vorbeugung von Krankheiten oder deren Heilung zu nutzen.

Und da es hier um eine starke Mitte und die Gesundheit des Bauches geht, möchte ich ein paar Pflanzen und Kräuter vorstellen, die ich hier besonders hilfreich finde. Natürlich nur wenn „bio" und möglichst regional oder aus deinem Garten...

Entgiften

Alles „Grüne": Algen (besonders Chlorella), Rucola, Kresse, Petersilie, Löwenzahn, Brennesseln (dazu mehr im Kapitel „Wildnis"); Mariendistel (leberstärkend), Grüner Hafer (entwässernd) Knoblauch (Schwermetalle ausleitend) und... keine Pflanze, aber auch ein Lebenselixier: heißes Wasser.

Die Mitte stärken

Alles „Erdige": Wurzelgemüse, Getreide (Hirse, Mais/Polenta, Dinkel, kein Weizen!); Nüsse und Samen; Maca, Erdmandeln, Esskastanien... dazu Beifuß, Frauenmantel, Meisterwurz, Wilde Karotte, Zinnkraut; Heilmoor (besteht auch aus Pflanzen).

Die Verdauung unterstützen

Alles "Feurige" (warm, scharf, bitter): Ingwer, Zimt, Kurkuma, Pfeffer, Rosmarin, Wachholderbeeren, Fenchel, Kardamom... und ballaststoffreiches wie Reiskleine oder Flohsamen.

Zusätzlich zum eigenen Köcheln und bereiten von Kräutertee gibt es natürlich auch Profis, die „wissen, was sie tun". Aus all' der Vielfalt möchte ich ein besonderes System empfehlen: die spagyrischen Heilmittel von Soluna, die **Solunate**. Tolles Zeug!

MIKROORGANISMEN

Im Volksmund gibt es den Spruch „Der Tod liegt im Darm". Ich würde es lieber positiv formulieren: „Das *Leben* und die Gesundheit liegen im Darm". Aber was macht den Darm denn so entscheidend? Es sind nicht die Verdauungssäfte und anatomischen Gegebenheiten dieses so lange vernachlässigten Organs. Auch das „Bauchhirn" ist hier nur begrenzt beteiligt. Zudem ist der Darm ja eine Art „Außenwelt" im Innern, die durch Stoffaustausch mit „uns" verbunden ist. Und wer lebt da so und macht einen großen Teil der Stoffwechselarbeit für uns? Genau: Mikroorganismen. Die sogenannte Darmflora oder auch intestinales Mikrobiom. Das sind Billionen von mikroskopisch kleinen Lebewesen, die in Symbiose mit uns leben und ohne die der allerbeste Super-Smoothie keine Chance hätte seine Gesundheitswirkung zu entfalten. Diverse Arten von Mikroorganismen verstoffwechseln aus der Nahrung die für uns verwertbaren Stoffe, Vitamine, Antioxidantien etc. Ohne diese fleißigen kleinen Helfer wären wir tot. Mit einer reduzierten Anzahl oder gestörten Zusammensetzung werden wir krank. Schon ein Aspirin tut den Lieben nicht so gut. Eine Antibiotika-Behandlung killt die meisten von ihnen. Durch starken Zuckerkonsum vermehren sich nur die „zuckersüchtigen", und wollen immer mehr... Aber es gibt auch gute Neuigkeiten: regionales oder selbst angebautes Bio-Gemüse (am besten mit etwas Erde dran) gibt uns gute, regenerative Mikroorganismen; fermentierte Lebensmittel wie Sauerkraut, milchsauer Vergorenes, japanische Sojaprodukte (*nicht* pasteurisiert!), Brottrünke und ganz besonders „Effektive Mikroorganismen" (EM) helfen beim (Wieder-) Aufbau einer gesunden Darmflora.

Und Mikroorganismen können noch viel, viel mehr: siehe dazu z.B. EM e.V. (www.emev.de), die EM Research Organization (www.emrojapan.com) oder die Firma Multikraft in Österreich (www.multikraft.com). Wenn es etwas Materielles gibt, das die „Welt retten kann", dann sind es Mikroorganismen. Helfen wir ihnen, uns zu helfen! Kooperation als Weg in eine gute Zukunft!

Bewegung und Lebenskraft

DAS BECKEN ALS GRAL

Vor einiger Zeit habe ich im Taijiquan & Qigong Journal einen sehr schönen Artikel gelesen: „Das Becken wiederentdecken". Das finde ich sehr schön formuliert. Wir haben ihn nämlich irgendwie verloren: den Kontakt zu unserem Becken. Dabei ist dieser Körperbereich so wichtig: das Becken ist unsere Basis, es trägt gleichsam die Wirbelsäule und den gesamten Oberkörper. Dazu liegen in ihm so wichtige Organe wie die Blase, die Geschlechtsorgane und Teile des Darms. Und das Becken verbindet uns mit Beinen und Füßen, also mit der Erde und ermöglicht uns Bewegung, Gehen und Sitzen. Es bildet wie ein knöcherner Gral ein „Speicherbecken" von Sexualkraft und Lebensenergie. Ein frei bewegliches Becken bedeutet auch frei fließende Energie. Unbeweglichkeit und Blockaden eine Reduzierung des freien Flusses und damit der Lebenskraft.

Der Beckenboden ist noch ein anderes Thema. Dieser kann manchmal etwas Training gebrauchen. Eine sehr effektive Methode ist die leichte Anspannung des Beckenbodens bei sanften Crunches (Bauchmuskeltraining). Einfach die „inneren" Muskeln mit anziehen. Du wirst spüren, was ich meine.

Zurück zum freien Fluss: wenn du entspannt und ungestört auf dem Rücken liegst (am besten auf einer nicht zu weichen Unterlage) kannst du etwas mit deinem Becken spielen. Ganz bewusst die Knochen wahrnehmen, die Auflage auf dem Untergrund. Auch kannst du es mit den Händen erforschen: Hüftknochen, Steißbein, Darmbein, Sitzbein, Schambein. Als Frau kannst du dich sogar von innen ertasten. Ist spannend. Und wenn du dich mit deinem Becken (vielleicht zum ersten Mal in deinem Leben) vertraut gemacht hast, können ganz kleine Bewegungen folgen. Vor- und zurückrollen, wiegen, kreisen, ein wenig anheben, schaukeln... alles ganz sanft und liebevoll. Lass' dich dann in dein Becken sinken, atme tief hinein und spüre nach, wie es sich nun anfühlt: froh und glücklich von dir endlich wahrgenommen und liebevoll bewegt zu werden.

INTUITIVES QIGONG

Der Begriff Qigong kommt aus dem Chinesischen und bedeutet „kontinuierliche Arbeit mit der Lebensenergie". Im „alten" China hatte die Lebenspflege einen sehr hohen Stellenwert und Qigong darin den wohl bedeutendsten Platz (und erhält diesen nach langen Jahren des Übungsverbots auch wieder). Verbunden mit uralten Traditionen des Schamanismus, Daoismus, Buddhismus und der Traditionellen Chinesischen Medizin ist Qigong die wohl älteste und meist „durchdrungene" Energiearbeit der menschlichen Kultur.

Meine persönlichen Lieblings-Qigong-Formen sind Chan Mi Gong (Chan ist Chinesisch für Zen bzw. ist dessen Ursprung) und Sheng Zhen Wuji Yuan Gong, das Qigong der bedingungslosen Liebe. Wenn du die Gelegenheit hast, dann besuche einen guten Qigong-Kurs. Das ist kein „Alt-Weiber-Yoga", das ist Lebenskraft und „wieder in Fluss kommen" pur!

Probiere einfach mal dein *eigenes* Qigong aus: ganz entspannt, achtsam und aus dem Bauch heraus. Es wird sich gut anfühlen!

Wichtig ist der stabile Stand, die Füße gut am Boden und nicht zu eng beieinander, die Knie locker, das Becken entspannt, „schwer" und ein wenig nach unten-vorne gekippt, damit die Wirbelsäule aufgerichtet und locker ist; das Kinn etwas nach unten und der Hinterkopf wie an einem Faden mit dem Himmel (Yang) verbunden. Geh' ein wenig mehr „ins Knie" und fühle die Erde (Yin) durch deine Füße. Zentriere dich im Hara und lege deine Hände übereinander auf deinen Bauch. Dort sammelst du das Qi auch *nach* jeder Übung und schenkst dir selbst ein kleines Lächeln. Bewege dich sanft und fließend. Du kannst mit deinen Armen wie mit Schwingen die Energie des Himmels einsammeln und mit den Händen zu dir und deinem Herzen führen. Oder tief nach unten gehen und das Qi der Erde zu empfangen. Lass' deine Wirbelsäule dabei in ihrer Geraden oder entdecke ihre Bewegungsmöglichkeiten: sanft drehen, beugen, „schlängeln" oder alles zusammen. Spiele die Energie! *Sei* Energie!

„SCHÜTTEL DICH FREI"

Und nochmal Qi Gong, eine daoistische Variante. „Schüttel dich frei" hört sich recht lustig an und macht auch wirklich Spaß; und es ist befreiend: energetisch, geistig, körperlich. Grad hab' ich's wieder getan und es fühlt sich gut an. Grad morgens und mit ein wenig „klopfen" kombiniert. Aber eins nach dem anderen. Jin Jing Qigong ist sehr alt und hat einen komplexen Hintergrund, hier geht es aber nur um die Basis, das einfach mal Ausprobieren und spüren, was es mit einem macht, sich ganz einfach zu schütteln. Du stellst dich bequem hin, so wie in der letzten Anregung; nun fängst du an vertikal zu wippen, als würdest du mit deinem Steißbein den Boden antippen wollen. Ganz entspannt, in deiner Stärke und deinem Tempo. Bleib dabei in der Wirbelsäule aufrecht und in Becken und Schulter locker. Die Arme hängen seitlich herab und bewegen sich mit. Wenn du deinen Rhythmus gefunden hast, kannst du die Arme auch stärker bewegen und extra „ausschütteln", sehr wohltuend genauso für die Hände. Auch die Beine vertragen ein wenig extra Schütteln: gehe etwas tiefer ins Knie und schüttel deine Beine so richtig durch; und dann einen Fuß nach dem anderen. Richtig ausschütteln, wie „wegschleudern". Alles „raus" was du nicht mehr brauchen kannst, weg damit... „Schüttel dich frei!"

Grad morgens kannst du dich dann noch ein wenig wachklopfen: einfach mit den flachen Händen deinen ganzen Köper sanft „schlagen". Ganz zart das Gesicht, dann etwas kräftiger Schultern, Arme und Beine (Innenseite runter, Außenseite rauf), Brustkorb, Rücken, Becken... den Bauch ein wenig streicheln und die Hände dort noch für eine kleine Weile ruhen lassen...

Und noch eine ganz tolle Sache, die mit Qigong so garnichts zu tun hat, aber mit Energiefluss und „Befreiung": wenn du dir mal etwas richtig Gutes gönnen willst, besorg' dir ein Trampolin von Bellicon, Schweiz. Das ist schweineteuer, aber jeden Cent wert und eigentlich ein „Schwingolin", da mit Seilringen gefedert. Da kann mensch so richtig alles abschwingen und befreien...

DAS KIND

Ja, es geht immer noch um „Bewegung und Lebenskraft": und zwar um eine Yoga-Übung, die „Stellung des Kindes", eine meiner liebsten Positionen. Die kann mensch auch einfach zwischendurch machen, allerdings nur mit flexibler Kleidung und wenn nichts in den Bauch drückt. Diese „Asana" streckt ganz sanft Wirbelsäule und Oberschenkel, hilft bei Müdigkeit und Anspannung, ist gut für die Mitte, die Verdauung und bei Menstruationsbeschwerden, stärkt die Atmung und vor allem die Wahrnehmung und Zentrierung des eigenen Körpers.

Knie' dich zunächst auf eine Yogamatte, den Teppich oder eine Wiese; die Fußrücken liegen flach auch dem Boden, die Zehen sind locker und gestreckt. Nun setzt du dich langsam auf deine Fersen und machst es dir dort richtig bequem. Der Rücken ist entspannt und gestreckt, die Atmung ruhig. Nun beugst du dich vom unteren Rücken nach vorn bis dein Brustkorb auf deinen Oberschenkeln zu liegen kommt und deine Stirn den Boden berührt. Du kannst die Arme entspannt nach hinten neben deinen Körper legen und wie ein geschlossenes Ganzes werden oder du kannst dich mehr öffnen und deine Hände weit nach vorn ausstrecken. Wenn es bequemer für dich ist, kannst du mit den Händen auch eine Schale Formen und deinen Kopf dort hineinlegen. Falls dir diese Position unangenehm ist, kannst du auch weniger weit runtergehen. Oder das Ganze mal auf der Seite liegend ausprobieren, wie ein Embryo. Atme ruhig ein und aus und fühle, wie du trotz weniger Raum gut atmen kannst. Wohin atmest du? Alles scheint eins zu sein, dein ganzer Körper in einer kleinen „Kugel". Entspanne dich in „das Kind" hinein, lasse dich schwer werden und vom Boden tragen. Du bist ein Wesen der Erde, ein Kind... geborgen und beschützt... du musst nichts tun... nur atmen... fühlen... sein...

Wenn du soweit bist, komme langsam hoch, von unten Wirbel für Wirbel „hochrollen", dich zum Himmel strecken und dann langsam aufstehen und wie neugeboren in dein Leben gehen.

Heilende Hände

HANDAUFLEGEN

Das Handauflegen ist eine wunderbare Methode der Kontaktaufnahme mit dir selbst und mit anderen. Jeder Mensch hat „heilende Hände", da wir alle auch Energiewesen sind und die Lebenskraft von selbst strömt. Wenn diese Kraft blockiert ist entsteht Unwohlsein und Krankheit. In der TCM gibt es den so wahren Satz: „Schmerz ist der Schrei des Qi nach freiem Fluss". Handauflegen kann Energie wieder ins Fließen bringen und ist eine Wohltat für unser ganzes Sein.

Natürlich gibt es verschiedene Systeme des Handauflegens, aber du kannst einfach nach deinem Gefühl gehen und nichts falsch machen, solange du achtsam mit dir und dem anderen bist und zu Anfang nicht an schwer entzündlichen oder sonst stark belasteten Regionen arbeitest. Du kannst dir natürlich auch selbst die Hände auflegen, besonders schön ist aber der gegenseitige Austausch und das sich „fallen lassen" können.

Du kannst die Hände ein wenig in Abstand zum Körper halten oder ihn sanft berühren. Ich fange gern am Kopf an und nehme ihn sanft in beide Hände. Seit wir ein Säugling waren hat uns niemand mehr so gehalten. Intuitiv lege ich dann meine Hände dort auf, wo es sich stimmig anfühlt. Wenn die „Klientin" auf dem Bauch liegt (was viele bevorzugen) gehe ich mit beiden Händen nebeneinander zunächst die Wirbelsäule hinunter und verweile überall einige Minuten. Dann wende ich mich den Bereichen zu, die sich ein wenig Zuwendung „wünschen". Ein besonders angenehmer und heilsamer „Griff" ist, die eine Hand auf der Mitte, gegenüber dem Hara, verweilen zu lassen und die andere auf das Herzchakra oder in Höhe des Solarplexus zu legen. Ganz nach Gefühl. Auch eine oder beide Hände auf der Lendenwirbelsäule und dem Kreuzbein sind sehr wohltuend. So auch das Handauflegen auf den Füßen. Du kannst den ganzen Fuß in die Hand nehmen, den Ballen, die Zehen umfassen und abschließend deine warmen Hände auf den Fußsohlen ruhen lassen. Gib deinem Klienten danach Zeit zu integrieren...

BAUCH-SELBSTMASSAGE

Die Bauch-Selbstmassage ist auch eine ganz tolle Sache! Sie stärkt die Mitte, unterstützt die Verdauung und der gesamte Darm (und damit auch das Bauchhirn) werden belebt und harmonisiert. Auch der Schönheit kommt diese sanfte Massage zu Gute: Falten reduzieren sich (die Gesundheit des Darmes und seiner Mikroflora hat direkten Einfluss auf die Haut), überflüssige Pfunde werden leichter reduziert und der Bauch wird flacher. Wichtiger sind aber die gesundheitlichen Aspekte und die positiven Auswirkungen auf das Seelenleben. Wie bei allen tiefgreifenden Therapien kann es dabei anfangs zu Schmerzen kommen, oder auch zu Tränen. Im Darm und im gesamten Becken- und Bauchraum stecken nicht nur materielle „Schlacken", sondern auch psychische. Deswegen ist es wichtig, mit der Bauch-Selbstmassage ganz sanft zu beginnen und sie in einem geschützten Rahmen durchzuführen. Natürlich kann die Massage auch jemand anders für einen machen, aber gerade wegen dieser empfindlichen und gleichsam psycho-intimen Zone bietet sich die Selbstmassage sehr an. Besonders Frauen können auch noch ein wenig „tiefer" arbeiten und die Massage (ganz besonders sanft!) auf die weiblichen inneren Organe ausweiten. Auch dies kann sehr heilsam und „berührend" sein, dazu auch fruchtbarkeitsfördernd. Für die Bauch-Selbstmassage nimmst du dir, z.B. morgens im Bett, soviel Zeit wie du brauchst. Du liegst auf dem Rücken und dein Bauch ist frei, verwende ein gutes Massageöl. Zunächst nimmst du Kontakt mit deinem Bauch auf und legst deine warmen Hände auf den Unterbauch. Dann kreist du mit beiden Händen erst Seite an Seite, dann untereinander sanft und ohne Druck. Wechsle die Positionen nach Gefühl und spüre und atme tief in deinen Bauch hinein. Du kannst auch beide Hände übereinanderlegen und um deinen Bauchnabel herum kreisen. Am Nabel ganz sanft bleiben, drumherum kannst du mit den Händen auch ein wenig Druck ausüben. Nur, wenn es sich gut anfühlt. Auch ein „Schütteln" des Bauches kann sehr angenehm sein. Lass' die Hände noch ein wenig länger auf deinem lieben Bauch liegen. *Sei* dein Bauch!

AKUPRESSUR UND REFLEXZONEN

Und nochmal Hände. Und Füße. Und Kopf. Und Ohren... Unser Körper ist unglaublich: fast jeder seiner Bereiche ist eine physische und energetische Entsprechung des gesamten Organismus So wirkt sich eine Massage des Bauches oder des Kopfes auf unser gesamtes System aus und über unsere Ohren können wir den ganzen Menschen erreichen. Sehr bekannt ist die Fußreflexzonenmassage mit der sich gezielt Krankheiten behandeln lassen, indem die Selbstheilungskräfte der Organe über die „Ansprache" durch die Füße gefördert werden. Die Akupressur nutzt, wie die Akupunktur, eine anderes „Netzwerk", die Meridiane und deren Punkte.

Ein super Punkt liegt auf dem Magenmeridian (ca. 4 Fingerbreit unterhalb der Kniescheibe in der Vertiefung zwischen Schienbein und äußerem Muskel) und nennt sich Tsu San Li oder „Ma 36". Festes Drücken und massieren (bitte nicht bei Magengeschwür oder in der Schwangerschaft) harmonisiert den Magen, stärkt die Mitte und das Qi, und hat ganz allgemein eine gesundheitsfördernde Wirkung.

Ein anderer sehr nützlicher Punkt liegt in der vorderen Mitte der Fußsohle, in der Vertiefung unterhalb des Ballens. In der Akupunktur heißt dieser Punkt „Niere 1" oder, viel schöner: „Sprudelnde Quelle". Eine Massage dieses Punktes an beiden Füßen, stärkt die Nieren, fördert die Lebens- und Zeugungskraft und vitalisiert unser ganzes System. Bei den Reflexzonen ist dieser Bereich dem Solarplexus zugeordnet.

Und wenn du dir mal kurz eine richtig gute Ganzkörpermassage geben möchtest, nimm' einfach deine Ohren! Wie ein „umgekehrter Embryo" sind sie eine einzige Reflexzone. Du kannst kneten, drücken und dir selbst die Ohren langziehen. Richtig ziehen, die Ohren halten was aus. Das kann etwas weh tun, wird aber sehr befreiend sein. Ganz sanft geht natürlich auch... eine Ohrmassage tut gut und fördert die Konzentration.

KONTAKT-IMPROVISATION

Genau, das ist ein Tanzstil. Aber den meine ich hier garnicht. Ich denke an etwas ganz anderes: an den körperlichen Kontakt zwischen Menschen, die sich gut kennen, aber keine sexuelle Beziehung haben: Familie, Freunde, Kollegen. Anders als in (wenigen) anderen Kulturen berühren wir uns fast garnicht. Und schon garnicht zärtlich. Warum eigentlich nicht?

Jeder Hund und viele Katzen legen sich auf den Rücken oder schmiegen sich an uns, um zu sagen: streichele mich, berühre mich, massiere mir den Bauch oder die Ohren. Und manche Babys oder ganz kleine Kinder haben das Glück gestreichelt und berührt zu werden. Aber unter Erwachsenen? Bei uns fast ein Tabu. Würdest du deine beste Freundin fragen, ob sie dir mal den Bauch streichelt? Oder deinen Kollegen, ob er dir mal sanft den Kopf massiert? Musst du da grinsen? Ich schon.

Zärtlichkeit zwischen erwachsenen Menschen gibt es bei Liebespaaren (und auch da nicht immer oder nicht mehr). Das war's. Dabei sind wir fühlende Wesen und brauchen körperlichen Kontakt und Austausch genauso wie seelischen oder intellektuellen. Und das ganz besonders, da wir als Kinder oft zu wenig von dieser liebevollen Berührung (und dem nährenden getragen und gestillt werden) bekommen haben.

Ich bin ganz entschieden für eine neue „Berührungs-Kultur".

Warum nicht - natürlich achtsam und respektvoll - mal etwas experimentieren: liebevolle Berührungen zwischen Freunden und in der Familie... sich gegenseitig eine Fußmassage geben, das Handauflegen ausprobieren, Umarmungen ganz bewusst genießen... über eventuell aufkommende Unsicherheiten oder Unbehagen offen sprechen. Und das wird passieren... Neues wagen ist immer mit Angst verbunden. Aber auch befreiend!

Eine „Kontakt-Improvisation" der anderen Art: sanft, liebevoll, authentisch, herausfordernd... und beglückend...

HEILUNG UND BEWUSSTSEIN

Wahrheit und Wandlung

WOFÜR LEBST DU?

Ganz sicher hast du dir diese Frage schon oft gestellt. Ich jedenfalls. Gerade in Chaos- oder Krisenzeit komme ich immer auf diese Frage zurück: wozu all' das, wozu all' die Arbeit, das Leiden, die Verletzungen? Warum mache ich das, was ich tue? Wofür lebe ich? Und ich meine hier nicht ganz allgemein den Sinn des Lebens. Ich meine den ganz konkreten Sinn meines oder deines *persönlichen* Lebens.

Es kann dir genügen einen guten Job zu machen und damit zu überleben und in deiner Freizeit noch ein wenig Spaß zu haben. Oder du lebst für deine Familie... für Gott... für dich selbst... oder für alles zusammen. *Wofür lebst du?*

Und noch eine ähnliche Frage: WAS WILLST DU?

Nur *du*. Nicht deine Familie, dein Chef, deine Freunde, deine Geliebte, die Gesellschaft... Was sind *deine* inneren und äußeren Ziele im Leben? Was ist dir *wirklich* wichtig?

Hier eines meiner ersten „Sinnsuche-Bücher": Carlos Castaneda, „Die Lehren des Don Juan". Darin sagt dieser, dass nur *eine* Frage zum eigenen Weg wichtig ist: „Ist es ein Weg mit Herz?". Auch diese Frage begleitet mich nun schon lange mein Leben und hat es sehr geprägt. Und ich folge meinem Herzen. Schon so weit, dass ich kaum mehr kompatibel bin mit unserer oft „herzlosen" Gesellschaft. Und ich mich oft auch allein gefühlt habe oder überfordert. Aber für mich gibt es keinen anderen Weg als mir selbst treu zu bleiben, meiner inneren Wahrheit, meinem Bauchgefühl und meinem liebenden Herzen.

Natürlich möchte ich auch äußere Dinge, z.B. ein einfaches Leben in der Natur und in liebevoller Gemeinschaft. Aber das ist alles nur *Ausdruck* meiner elementaren Ziele und Wünsche.

Ich lebe für die Liebe.

Und ich will LEBEN! Leben in Liebe, Freude und Freiheit.

DER SCHATTEN

Ein schöner Name für alte und oft destruktive Seelen-Muster ist der „Schatten". Damit meine ich alles, was einen so ganz ungebeten „verfolgt" und auch so manches Mal unsere Beziehungen und das ganze Leben verdunkelt. Unbewusste Muster (meist aus unserer frühen Kindheit), die sich so eingeprägt haben, quasi in „Fleisch und Blut" übergegangen sind, dass wir sie kaum mehr loswerden. Vor allem wenn wir von ihrer Existenz garnichts wissen. Daher auch „Schatten": immer bei uns, dunkel und oft garnicht wahrgenommen. Aber ein Schatten ist nur da wo auch Licht ist. Das gibt Hoffnung.

So lasset uns ein wenig lichtvolles Bewusstsein auf alte Muster werfen. Was „erleuchtet" ist kann zwar noch wehtun oder Konflikte bereiten, aber es kann nicht mehr im unbewussten Dunkel seine destruktiven Machenschaften betreiben. Und im Lichte unseres liebevollen Gewahrseins können wir den alten Mustern sogar danken. Als sie entstanden waren sie ja äußerst hilfreich, vielleicht sogar überlebensnotwendig. Unser geniales System erschafft nichts umsonst: gedankliches Verdrängen, körperliche Verhärtungen und seelische Muster sind aus sehr gutem Grund entstanden. Damals gut, aber meist jetzt nicht mehr. Also ran an die alten Muster und erlösen! Am besten klappt das mit anderen Menschen. Und zwar Menschen, die einen wütend machen, verletzen, nerven oder enttäuschen. Es geht hier also um alles, was einen emotional aufregt. Genau *da* liegt der Hase im Pfeffer. Oder, um beim Schatten zu bleiben: dort verdüstert es sich gewaltig. Da gilt es Licht in die Sache zu bringen. Klar gibt es auch äußere Ursachen für eine emotionale Reaktion. Keine Frage. Aber *immer* ist auch ein *eigenes* Muster dabei. Ein fiktives Beispiel: ein Freund macht dich wütend, da er schon wieder nicht pünktlich ist. Was regt dich da so auf? Außer, dass du dein erstes Gläschen alleine trinken muss, ist doch nichts passiert. Fühlst du dich nicht ernst genommen? Wärst du auch gern etwas entspannter? Hat dich dein Vater öfter hängen lassen? Schaue liebevoll hin und erleuchte den Schatten!

„UNSERE TIEFSTE ANGST...

... ist es nicht, ungenügend zu sein. Unsere tiefste Angst ist, dass wir über alle Maßen kraftvoll sind." Das ist nicht von mir. Das ist von Marianne Williamson. Wunderschön. Hat mich schon immer zutiefst berührt. Aber erst nach und nach begreife ich wirklich, was es bedeutet. Und wie ich es selbst, in mir und meinem ganz konkreten Handeln und Sein *erlebe*.

Vor über 20 Jahren hat mir eine Astrologin gesagt, ich wäre „wie ein roter Porsche mit angezogener Handbremse". Vom Porsche habe ich nie was mitbekommen, da die Handbremse sich einfach nicht lösen wollte. Und nun scheint es endlich soweit zu sein: Blockaden lösen sich, alte Muster sind erlöst, ganz neue Möglichkeiten tun sich auf... und ich habe ANGST.

Bodenlose Angst. Dabei geht es doch grad erst los! Was soll erst sein, wenn ich wirklich durchstarten kann und der rote Porsche... Angst hoch zehn. Vielleicht war es doch besser mit der guten, alten Handbremse in meinem Leben... da konnte ich schön in meiner „Höhle" bleiben, ein wenig Opfer sein, mal mehr und mal weniger leiden oder mich schlecht und einsam fühlen. Das kenne ich wenigstens. Das fühlt sich nach Heimat an. Aber „machtvoll, großartig, begabt und einzigartig sein...", wie Marianne weiter schreibt? Das wage ich ja kaum zu denken. Und erst recht nicht zu sein. Oder gar zu *leben*.

Schon mein ganzes Leben lang wünsche ich mir nichts so sehr wie FREIHEIT. Freiheit von Abhängigkeiten, Schuldgefühlen und finanziellen Mangelerscheinungen. Freiheit zur Verwirklichung meiner Sehnsüchte und der Vision einer „liebevolleren Welt". Frei für mehr Liebe, Lust und Freude. Frei um *wirklich* zu leben.

Ich habe *so* hart dafür gearbeitet, vor allem innerlich. Was da alles erlöst werden wollte, bevor sich die Handbremse auch nur ein wenig lockerte! Und nun ist es soweit: ich kann losfahren und meine Angst darf mitkommen. Und ich den Mut haben, die Verantwortung für meine Freiheit zu übernehmen.

„GIB DAS LEIDEN AUF!"

Ein alter Zen-Spruch... so einfach... nicht mehr leiden müssen... was für ein schöner Gedanke! Ich habe es immer wieder probiert, aber es hat nie funktioniert. Das hatte viele Gründe: zum einen habe ich nie ganz begriffen, was das wirklich heißt; zweitens habe ich es immer mit dem Kopf probiert und der ist da nur begrenzt hilfreich; und dann, ja dann ist da noch die Angst vor dem Verlust. Echt und wirklich. Also eins nach dem anderen. Zunächst zur Angst: wieso sollte ich Angst haben, mein Leid loszuwerden? Einfach weil es den meisten von uns so zur inneren Heimat geworden ist, dass uns seelisch gleichsam der „vertraute Boden" unter den Füßen wegbrechen würde, wenn wir unser Leid plötzlich los wären. Außerdem leiden *alle*. Wäre ich froh und glücklich, wäre ich das fast allein auf dieser Welt! Und dann ist da die Sache mit dem Kopf, dem Verstand, der ein wundervolles Werkzeug ist, aber eben nicht für alles. Ramesh Balsekar, ein Advaita-Lehrer, pflegte den Verstand in einen denkenden und einen arbeitenden Verstand zu unterteilen. Der arbeitende Verstand macht all' die Dinge wie Rechnen, Planen, Konstruieren. Einfach genial. Aber der reine „Denker" in uns denkt meist *über* etwas nach und *bewertet*. So gibt es auch zwei Arten von Leiden: einmal das, was wirklich *geschieht*: Schmerzen, Verlust, unerfüllte Bedürfnisse etc. Ganz reales Leid. Und dann gibt es das, was wir darüber und über unser Leben *denken*: wir wollen das, was ist, nicht. Wir haben Angst davor. Wir fühlen uns vom Leben betrogen oder als Opfer. Wir leiden gleichsam an unserem Leiden. Und bleiben darin irgendwie stecken. *Das* meint der Zen-Spruch aus meiner heutigen Sicht. Leben bedeutet immer ein gewisses Maß an Schmerz und Leid, wir können nicht nur die schnucklige Seite der Dualität haben. Die ist eben *beides*. Aber was wir aufgeben können ist das Leid, dass wir uns selbst schaffen, indem wir nicht akzeptieren können, was ist. Oder nicht handeln, um zu ändern, was zu ändern ist. *Dieses* Leid ist selbstgemacht.

Probiere es doch einfach mal aus und... gib das Leiden auf!

Selbst-Coaching

DER KNOTEN

Kennst du auch diesen Knoten im Bauch? Dieses schummrige Gefühl im Magen, manchmal auch fest und kompakt, diesen körperlichen Seelen-Schmerz? Oder fühlst du diesen Knoten woanders oder in anderer Form? Was fühlst du in dir?

Bei mir ist es ein „Knoten", sitzt meist im Solarplexus-Bereich und fühlt sich sehr unangenehm an. Meistens spüre ich ihn garnicht, aber wenn mich etwas belastet, mir Schuldgefühle macht oder andere (meist alte) seelische Muster berührt werden... dann ist er sofort da, mein lieber Freund, der Knoten. Dieses seelische „Zusammenziehen" fühlt sich so eng an, dass ich mich wundere, das da trotzdem noch etwas in den Magen passt. Wenn der Knoten zu hart ist, wird es mit dem Essen allerdings auch wirklich schwierig.

Mein persönlicher Knoten besteht aus vielen unschönen Empfindungen: Trauer, Schuld, Hilflosigkeit, einem Gefühl der „Abgeschnittenheit", des Verlorenseins, der Überforderung, und ja, auch einer riesigen Portion Wut. In erster Linie aber ist dieser Knoten ein Angst-Knoten. Angst, die aus den tiefsten Schichten meines Seins kommt. Angst zu versagen, jemanden wütend zu machen oder zu enttäuschen. Weniger Angst vor dem Sterben, umso mehr Angst vor dem Leben.

Trotz all' dieser sehr unerfreulichen Gefühle ist der Knoten mein Freund. Einer meiner besten Freunde sogar: er ist immer da, wenn ich ihn brauche; er zeigt mir zuverlässig, dass etwas nicht stimmt und meine Aufmerksamkeit braucht. Komplex ist er, tiefgründig und weise. Viel weiser als ich. Sobald ich seine Anwesenheit spüre, begrüße ich ihn: „Hallo Knoten! Was ist dein Begehr? Wo muss ich ran, was gilt es zu lösen?"

Ganz liebevoll kommuniziere ich mit meinem Knoten-Freund, spüre tief in den Schmerz hinein, lasse geschehen... und weiß einfach, dass ich keine Angst vor der Angst haben muss.

MITTELPUNKT

Gerade eben hatte ich eine für mich ganz wichtige Erkenntnis. In einer Voicemail reflektierte ich meine Gedanken: „Darf ich nicht auch an mich denken? Ich bin doch eigentlich der Mittelpunkt meines Lebens!" Der Mittelpunkt meines Lebens?

Es war mir fast peinlich, dass ich das gesagt hatte. Mir wurde in diesem Moment glasklar bewusst, dass jeder wirklich der Mittelpunkt seines oder ihres Lebens ist. Und, dass dies auf mich nicht zutrifft. Ich drücke mich da irgendwo am Rand meines Lebens rum und stelle andere Menschen und alles Mögliche in die Mitte meines Lebens. Nur nicht mich selbst.

Krass. Und auch befreiend. Sehen, was ist.

Gleich werde ich rausgehen und mir schöne Steine suchen. Symbolarbeit als ein wunderschöner Weg der Klärung und Integration. Altes verbrennen im Feuer, Aufstellungen mit Naturmaterialien... Für mein Anliegen heute passen am besten Steine. Ich suche mir einen guten Platz und lege dort ein Bild meiner inneren Situation. Ein schöner, großer Stein steht für mich selbst. Andere Steine (oder was ich sonst so finde) für andere Menschen und wesentliche Dinge in meinem Leben.

Ich ziehe einen Kreis in den Waldboden, der mein Leben symbolisiert und platziere die Steine so, wie es mir jetzt geht: mein Stein mehr am Rand und die Mitte voll mit allem anderen. Dieses Bild lasse ich auf mich wirken und mache mir wirklich klar, was ist. Und ob ich das noch will.

Dann spiele ich ein wenig mit den Steinen, ändere das Bild und lege meinen Stein in die Mitte des Kreises. Und die anderen dahin, wo es sich für mich zutiefst gut anfühlt. Das neue Bild ist „nur" ein Symbol. Aber es wirkt auf mein ganzes Sein. Alles ist verbunden. Und ich *bin* der Mittelpunkt meines Lebens.

Und du ...?

DER INNERE DIALOG

Wie wir alle aus lebenslanger Erfahrung wissen, ist unser Denkorgan eigentlich immer beschäftigt. Wann hat dieses dauernde „Geschnatterte" eigentlich angefangen? Wir werden ja nicht so geboren. Das wäre mal eine Recherche wert. Unser Hirn denkt, plant und redet den ganzen Tag vor sich hin, wiederholt sich ziemlich oft und denkt immer die gleichen Gedanken. Und oft nicht grad lösungsorientierte Gedanken, um es mal sanft zu formulieren. Da ist das Bewerten, Jammern, das ewige um ein Problem kreisen, der innere Kritiker, die Vorgaben der Eltern oder der Gesellschaft, Ängste, Sorgen etc. Endlose Gedankenschleifen, die dazu auch noch halb oder ganz unbewusst „ablaufen", als wären es die Gedanken, die Macht über uns haben und nicht umgekehrt. Abstellen können wir diesen Fluss des Denkens kaum, dies „passiert" eher in tiefer Meditation, Konzentration oder Liebe. Aber wir können unsere Denkfähigkeit auch *nutzen* und mit uns selbst ganz bewusst in einen liebevoll-konstruktiven Dialog treten.

Diese innere Selbst-Entdeckung funktioniert am besten, wenn wir unser ganzes System, insbesondere Herz und Bauchgefühl, in diesen Dialog mit einbeziehen. So kann ich mich ganz einfach selbst alles fragen, was mir am Herzen liegt oder mich belastet: „Warum verletzt mich dies so? Warum habe ich solche Angst etwas zu tun? Warum begebe ich mich immer wieder in ähnliche Situationen? Was brauche ich? Was wäre, wenn ich dies oder jenes einfach tun würde?" Die Fragen an dich selbst sind natürlich so vielfältig wie das Leben, *dein* Leben. Und es sind *deine* Antworten! Rationale und emotionale, oberflächliche und welche aus deinem tiefsten Sein. Und *diese* sind ganz besonders interessant. Diese Antworten kann dir niemand anders geben. Und du wirst *wissen*, wenn eine Antwort sich richtig anfühlt. Und wenn nicht, gehe tiefer, entspanne dich gleichsam in die Frage hinein und die Antwort wird in dir aufsteigen, wie eine Quelle. Vielleicht nicht sofort, aber sie wird. Und sie kommt aus der Wahrheit deiner unendlichen, liebevollen Seele...

DIE ZWIEBEL

Auch wenn der Titel dieser Anregung etwas anderes vermuten lässt: es geht nicht um Essen, es geht um Liebe. Um Liebe zu sich selbst und um Heilung durch Selbstliebe.

Für die Heilung unserer psychischen Verletzungen aus der frühen Kindheit ist es wundervoll und hilfreich (und auch manchmal nötig), sich Unterstützung durch Therapeuten, Seminare oder Freunde und Partner zu gönnen. Diese können uns aber nur *begleiten*, die *echte* Heilarbeit findet in uns selbst statt und Bedarf unserer *eigenen* Liebe. Dazu einer meiner Lieblingssätze: „Wenn Liebe den Schmerz berührt geschieht Heilung." So ist es. Aber das bedeutet, dass wir und unsere Liebe *ran* müssen an den Schmerz, wir müssen in *fühlen*. Und unser aller Schmerz, unsere „Wunde" ist so groß, dass das nicht auf einmal geht. Da macht unser System nicht mit. Wir können unseren Schmerz und unsere Angst nur in ganz kleinen Häppchen und ganz zart berühren... eine Schmerzschicht nach der anderen mit unserer Liebe und unserem Gewahrsein erlösen, Schale für Schale... und genau da kommt die Zwiebel ins Spiel. Sie ist eine schöne Metapher für das, was wir da tun: uns gleichsam von außen dem zu Erlösenden annähern, also zunächst den nicht ganz so schmerzhaften und existenziellen Problemen... um dann Zwiebelschale für Zwiebelschale immer tiefer und tiefer zu gehen...

Manche Menschen haben immer die gleichen Probleme, da sie sich der Zwiebel nicht mal zu nähern wagen oder überhaupt nicht hinschauen wollen, oder können. Was für ´ne Zwiebel?

Aber auch der bewussteste Mensch, der sich mit seinen inneren Schmerzen und Ängsten konfrontiert, Psychotherapie oder Heilarbeit macht, hat oft das Gefühl, immer wieder an den gleichen Themen zu sein. Das stimmt auch, es kann sich sogar schlimmer anfühlen: je tiefer wir kommen mit den Zwiebelschalen, desto tiefer berührt unsere Liebe den Schmerz. Und umso tiefer wird unsere innere Wunde geheilt.

Krisen als Chance

ENTSCHEIDUNGEN

Wenn wir von einer „Krise" sprechen, dann meinen wir in der Regel eine schwierige oder sogar ausweglose Situation; im menschlichen Bereich z.B. ein seelisches Tief oder eine Ehekrise. Dabei bedeutet das griechische Wort „krisis" ursprünglich ganz neutral „Entscheidung" oder „entscheidende Wendung". Und irgendwie sehen *wir* eine Krise eher wie einen *Zustand* an, als etwas, in dem mensch gleichsam drinsteckt und nur schwer wieder rauskommt. In unserer üblichen Definition hat die Krise etwas Stagniertes und auch Passives: „Ich bin in einer Krise".

Die „entscheidende Wendung" hört sich da doch ganz anders an, findest du nicht? Viel dynamischer und auch offener, fast schon optimistisch. Aber immer noch unpersönlich, als wenn diese Wende einem „geschieht". Deshalb mag ich hier sehr das Wort „Entscheidung". Eine Entscheidung treffe ich selbst. Und trage natürlich auch die Konsequenzen für meine Entscheidung.

Wenn deine Ehe oder Beziehung in der Krise steckt; wenn dein Alltag dich überfordert oder dein Job einfach nicht mehr lebbar ist; wenn du an der Trennung von deiner Freundin leidest oder dein Mann immer weniger mit dir spricht; wenn deine Träume sich nicht erfüllen wollen oder deine Kinder einfach nicht so geworden sind, wie du es dir gewünscht hast; wenn du an dir selbst und deinem Leben zweifelst oder gar verzweifelst...

... ist es vielleicht an der Zeit für Entscheidungen.

Und um diese Entscheidungen treffen zu können, kommen wir ums wirklich *Hinschauen* einfach nicht drumrum. Liebevoll, wachsam und absolut ehrlich mit uns selbst:

- Wie geht es mir jetzt, wirklich und wahrhaftig?
- Wie ist es zu meiner Lage gekommen?
- An was möchte ich festhalten und was loslassen?

Und: was bleibt von mir übrig, wenn alles andere wegfällt?

DER BAMBUS

In Anlehnung an die sogenannte Midlife-Crisis habe ich oft halb im Spaß von meiner „All-Life-Crisis" gesprochen. Auch wenn das recht lustig klingt, habe ich mein Leben oft tatsächlich so empfunden: als Dauerkrise. Und kein Ende in Sicht. Ich habe so vieles gemacht, studiert, gelernt, ausprobiert, an mir gearbeitet, gelitten und gekämpft, umgefallen und wieder aufgestanden. Und bin dabei auch eine emotionale und finanzielle Belastung für meine Eltern gewesen, die mich trotz und mit allem immer unterstützt haben und es sogar jetzt noch tun, wofür ich beiden zutiefst dankbar bin. Aber nun ist es endlich soweit! In mein Leben tritt eine neue Leichtigkeit ein und der Sinn von allem tut sich auf. Alles hat genau so sein müssen, wie es war. Alles.

Falls du grad das Gefühl hast, dass „kein Ende in Sicht ist" oder dass alles zu nichts führt, hier eine kleine Geschichte für dich:

Eine junge Frau säte in ihrem neuen Garten Farn und Bambus. Sie kümmerte sich liebevoll um beide Saaten, wässerte sie und sprach mit ihnen. Nach einem Jahr war der Farn schon groß und schön, vom Bambus war noch nichts zu sehen. Im nächsten Jahr war es das Gleiche. Im dritten Jahr begann die junge Frau zu zweifeln, ob der Bambus überhaupt noch mal erscheinen würde, vielleicht lebte er ja auch garnicht mehr? Der Farn dagegen hatte sich schon prächtig vermehrt und zierte grün und lebendig den Garten. Im vierten Jahr gab die junge Frau fast alle Hoffnung auf, dass der Bambus es noch schaffen würde. Aber nur fast. Irgendetwas in ihr wusste, dass der Bambus lebte und gedieh. Sie bewässerte weiterhin die Stelle, wo sie den Bambus gesät hatte und sprach mit ihm als würde sie ihn sehen können. Und eines Tages, es war im fünften Jahr, da sieht sie es: ein ganz kleiner Spross, der Bambus! Er war noch ganz winzig und vom Farn beschattet. Aber nur sechs Monate später war der Bambus zehn Meter hoch und bildete den schönsten und heiligsten Hain, den die junge Frau sich nur vorstellen konnte. Der Bambus hatte die ganze Zeit gelebt und „gearbeitet", an seinen Wurzeln.

DEIN LEBEN

Schon in der Anregung „Mittelpunkt" ging es um Symbolarbeit. Hier möchte ich dir eine wunderbare Variation dazu vorstellen, die „Biographiearbeit" in der Natur. Da geht es nur um dich. Und dein Leben. Ganz besonders hilfreich in Umbruchzeiten und wenn du grad mal nicht weißt, wie weiter machen. Sehen, was war und was ist. Dein eigenes, kleines Übergangsritual. Diese Erfahrung kannst für dich allein machen oder mit einem Freund oder deinem Partner. Wichtig ist dann, dass ihr die Symbolarbeit ganz allein macht und euch nur vorher und nachher begleitet. Am schönsten ist es, einen ganzen Tag dafür zu haben und an einem wirklich schönen Platz in der Natur zu sein; vielleicht einem Fluss, an eurem Kraftplatz im Wald. Macht einen besonderen Tag daraus, es geht um euch selbst!

Ich beschreibe nun kurz meine eigene Biographiearbeit und ihr macht dann einfach euer Eigenes draus. Es war das erste Modul meiner Ausbildung an der „Wildnisschule" in Österreich. Wir erhielten den Auftrag, unser eigenes Leben inmitten der Natur gleichsam „aufzustellen". Wir verstreuten uns in das weite, herbstliche Tal und suchten uns den richtigen Platz, *unseren* Platz. Wir hatten einige Stunden Zeit, unser Leben Revue passieren zu lassen, in uns zu gehen und unseren ganz eigenen Weg zu finden, unsere Biographie darzustellen. Ich suchte mir einen kurzen, steilen Hang und drapierte nun, meinem Leben entsprechend, Steine, Holz, dornige Äste und weiches Moos... Es lief wie von selbst, ich war ganz davon erfüllt. Und irgendwie fand sich alles genau so, wie ich es in dem Moment brauchte. Später zeigten wir uns gegenseitig unsere Arbeit. Es war so berührend, wie unterschiedlich, kreativ und authentisch jede Biographiearbeit war! In meinem „Lebens-Bild" hatte ich am Ende, also *jetzt,* einen Holzbalken quergelegt, der mein Gefühl der Stagnation darstellen sollte. Blockade. Ende. Stille. Und dann fragt mich die Kursleiterin: siehst du garnicht die Blume, die oberhalb des Balkens wächst? Ich hatte sie *nicht* gesehen. Aber nun. Und sie war wunderschön und voller Leben!

ADVAITA

„Advaita? Was hat das denn mit Krisen zu tun?" Oder hast du keinen Schimmer, was das nun wieder ist? Advaita kommt aus dem Sanskrit und bedeutet so viel wie Nicht-Dualität, Einheit. Advaita Vedanta ist eine uralte, indische Weisheitslehre, hervorgegangen aus den Schriften der Upanishaden. Hier ist deren absolute Essenz gemeint: das reinste Advaita, die pure und auch irgendwie „radikale" Lehre der All-Einheit. *Nichts* ist voneinander getrennt, alles ist eins. Klar, das sagen auch viele andere philosophisch-religiöse „Konzepte" (ganz nebenbei: *alles*, was wir Menschen uns so denken, *kann* ja nur ein Konzept sein). Was aber die „konsequentesten" Advaita-Lehrer wie Ramana Maharshi, Ramesh Balsekar, Tony Parsons und Karl Renz ausmacht: sie ziehen das mit der „Einheit" auch wirklich durch, da gibt es die Dualität *wirklich* nicht, sprich: *auch uns nicht!* Wer bin „ich" denn? Wir sind wie eine Welle im Ozean, die irgendwie den Überblick verloren hat und denkt, sie „welle" da ganz nach ihren eigenen Wünschen dahin... tut sie natürlich nicht. Oder das „Ich" eines Blattes am Apfelbaum: „Ich bin unzufrieden, ich wäre viel lieber dieser glänzende Apfel da neben mir. Das Leben ist ungerecht." Und schwupps... ein Windhauch und das Blatt schwebt durch die warme Sommerbrise zu Boden, seiner Bestimmung gemäß, und weiß nun vielleicht, dass alles ist wie es sein soll. Leben geschieht einfach. Durch uns, aber nicht wegen uns. Ob Welle, Blatt oder Mensch: wir sind eins mit dem großen Ganzen. *Wirklich* eins.

Und da schließt sich der Kreis zur „Krise": ich meine jetzt nicht ein verzagtes „da kann ich ja eh' nichts machen" oder ein trotziges „ist doch alles egal"; ich meine ein wirkliches Abgeben der Kontrolle, ein sich dem Leben bedingungslos anvertrauen. Auch all' das ist im strengen Advaita-Sinne nicht *unser* Tun, da es uns als getrennte Wesenheit ja garnicht gibt. Aber es gibt das „Erscheinen" der Dualität in der Einheit. Und so auch das Erscheinen unserer Probleme und Krisen, die manchmal am besten zu lösen sind, indem wir „Nichtse" einfach nichts tun...

Spielen

SPIELEN LERNEN

Irgendwann in unserem Leben haben wir verlernt zu spielen. Ich meine, wie Kinder zu spielen. Unser Leben ist ernsthaft geworden, und realistisch. Kinder können noch über die Wunder der Welt staunen, sehen das Leben immer frisch und neu. Und sie haben eine unglaubliche Vorstellungskraft. Heute ist das etwas anders, aber früher haben Kinder fast nichts zu besitzen brauchen, denn sie konnten sich noch etwas vorstellen, sie konnten „so tun als ob". Wir haben auf Matratzen gesessen, das waren unsere „Pferde", Buden gebaut, das war unsere „Burg", das kleine Regal war die „Theke" unseres Kaufladens etc. Alles konnte alles sein, fast nichts war unmöglich. Was für eine Fülle!

Ich habe ganz ernsthaft vor, das Spielen wieder neu zu erlernen. Nicht wie im Sport oder Schach, wo es ja doch meist um Gewinnen und Verlieren geht. Nein, ich meine *richtiges* Spielen. Frei, sorglos, ohne Ziel und Verstand, einfach aus Lust an der Entdeckung, an der eigenen Kreativität, am Zusammenspiel mit den anderen. Spaß am Leben. Freude am Sein.

Tiere lernen fast alles im Spiel, genauer gesagt in „So-tun-als-ob-Spielen", sie reden nur nicht drüber: ein Löwenjunges spielt den Jäger, das andere die Beute und so rennen und tollen sie durch die Savanne. Menschen machen es ja eigentlich genauso. Zumindest früher einmal oder in anderen Kulturen. *Wir* wollen durch Schulen und andere „Spielgegner" ja unbedingt dem „Homo sapiens" gerecht werden, wenigstens dem Denker, von „Weisheit" sind wir ja noch Lichtjahre entfernt. Es gibt Stimmen, die unsere Spezies gern umtaufen würden in „Homo ludens", der spielende Mensch. Stell' dir mal eine Universität vor, in der *gespielt* wird! Finde ich toll. Und genau so etwas habe ich wirklich vor. Aber dazu mal wann anders. Wir können also spielerisch lernen. Können wir auch wieder lernen zu spielen?

Stell' dir einfach mal vor, dein Leben wäre voller Freude, Liebe und Wunder, „tu' einfach mal so als ob…" Das macht echt Spaß!

DAS WILDE KIND

In der Psychotherapie und Heilarbeit ist das „innere Kind" eine geläufige Beschreibung für den kindlichen Anteil in uns, der gleichsam in uns wohnt und mehr oder weniger bewusst seine Bedürfnisse ausdrückt. Meist sind dies Bedürfnisse, die in unserer realen Kindheit nicht erfüllt worden sind und daher immer noch in uns nach Erfüllung schreien. Oder wenigstens gehört werden wollen. Und es ist eine schöne Praxis, mit seinem inneren Kind zu reden und von seiner Bedürftigkeit oder seiner Wut zu erfahren; oder es gedanklich einfach mal liebevoll in den Arm zu nehmen. Auch ist es ungemein hilfreich, sich bewusst zu werden, dass sehr viele Entscheidungen und Beziehungsmuster von diesem verletzten Kind ausgehen und nicht von „uns" als Erwachsenen. Und dies ganz besonders in Liebesbeziehungen. Dazu mehr im Kapitel „Romantische Liebe".

Hier geht es ja ums Spielen. Dieser Aspekt wird bei der Arbeit mit dem inneren Kind nicht so oft angesprochen: unser Kind will spielen! Und wild sein, ja wild! Ich meine jetzt nicht laut, zappelig und nervig oder gar aggressiv. Ich meine „wild" im ganz ursprünglichen Sinne: frei, dynamisch, kreativ, spontan, selbstverantwortlich, körperlich, sinnlich, natürlich und einfach nicht „domestiziert". Ich persönlich habe eine große Sehnsucht in mir, eine Sehnsucht nach meinem „wilden Kind", dass ich irgendwann verloren habe. Gern möchte ich es wiederfinden, mit ihr, dem wilden Mädchen, sprechen... und spielen!

Kennst du dein inneres „wildes Kind"? Denkst du, da ist eines in dir verborgen? Möchtest du es kennenlernen? Wenn ja, dann schenk' dir und deinem wilden Kind doch einfach mal einen Spieltag in der Natur. Ein wildes Kind will Platz haben und machen können, was es will. Folge einfach deinem wilden Kind und mache „mit": toben, im Bach plantschen oder Schlamm rummatschen, ein Spielfloß bauen und es „segeln" lassen, Verstecken spielen, rennen... du wirst kaum hinterher kommen. Dein wildes Kind hat unglaubliche Energie. Es sprüht vor Leben!

NACH HAUSE REISEN

Ist dir schon mal aufgefallen, wie anders wir unsere alltägliche Umgebung wahrnehmen, als solche, die wir besuchen? Im Urlaub wollen wir alles entdecken und bestaunen so Vieles, was wir da sehen. Wir wollen mehr zu den Sehenswürdigkeiten wissen, zur Geschichte der Gegend oder eine bestimmte Landschaft erkunden. Aber Zuhause? Oft wissen wir weniger von unserer eigenen Stadt als von anderen teilen der Welt. Das ist komischerweise auch so in vielen Schulen: Die ganze Welt wird einem nähergebracht, aber kaum etwas über das eigene Land oder die direkte Umgebung. Mir ist das erst richtig klar geworden, als ein Lehrer das Ungewöhnliche anbot: eine Sightseeing-Tour durch unsere Stadt, in diesem Fall Hamburg. War das spannend! Wir hatten ja keine Ahnung...

Da ich nun seit über 10 Jahren in verschiedenen Ländern lebe und immer wieder nach Deutschland zurückkomme, ist meine Sicht auch eine ganz andere geworden. Ich sehe mein Heimatland nun teilweise wie ein Urlauber oder Zugereister und staune manches Mal über Dinge, die ich früher garnicht bemerkt habe. Und kann auch vieles mehr wertschätzen.

Ich habe ein Spiel für dich: „Nach Hause reisen".

Nimm' dir zunächst Papier und Bleistift und schreibe auf, was für dich überhaupt dein Zuhause *ist*. Ist es ein Dorf, eine Stadt, ein Bundesland oder eine spezielle Region, die du dein Zuhause nennst? Wenn du das für dich definiert hast, dann plane eine Reise dorthin, eine richtige Reise mit allem Drum und Dran; als würdest du irgendwo anders leben und diesen Ort zu gern mal besuchen wollen. Besorge dir einen Reiseführer, recherchiere im Internet, versuche die Geheimnisse, Besonderheiten und die Schönheit deines Ortes oder deiner Gegend „von Ferne" zu entdecken. Und dann: „reise" wirklich dorthin! Besuche dir bisher unbekannte „Sehens-Würdigkeiten" und erlebe dein Zuhause ganz neu. Staune, was es *hier* alles gibt!

KÖRPERMALEREI

Und noch was zum Spielen... Körpermalerei. Das kennen die meisten nur vom Kindergeburtstag oder vielleicht noch vom Fasching. Indianer hatten eine „Kriegsbemalung" und heute sind farbige Tattoos ja total in. Ich frage mich derzeit wirklich, warum die „normalsten" Leute sich die „härtesten" Tattoos stechen lassen. Und oft Zeichen und Muster, die garnichts mit uns zu tun haben. Ich glaube, das liegt an unserer zunehmenden Identitäts- und Haltlosigkeit: wir sind so „entfremdet" von uns selbst und allem anderen, dass wir uns bei anderen Kulturen gleichsam „Bedeutung", Tiefe und Sinnhaftigkeit „ausleihen". Und dann die Sache mit dem Schmerz. Ist der nötig, um sich überhaupt noch zu fühlen? Wie auch immer: Tattoos, besonders farbige, sind super giftig. Nicht so *Gemaltes* auf dem Körper. Das tut auch nicht weh und lässt sich wieder wegwaschen. Und so kannst du dich hier richtig austoben und deiner Phantasie und Lebenslust freien Lauf lassen. Kennst du es auch, das Verlangen nach „Ursprung", nach wilder Kraft und purem Sein? Vielleicht entdeckst du es ja auch erst, z.B. mit Körpermalerei. Aus meiner Sicht ist diese Sehnsucht in uns allen vorhanden, waren wir doch Jahrhunderttausende sehr archaisch unterwegs und der „Mantel" der Zivilisation ist nicht allzu dick. Streicht diesen doch einfach mal ab: rein in die Natur und raus aus den Klamotten; möglichst im Sommer und an einem Fluss. Zuhause mit Dusche geht natürlich auch. Und dann kann es los gehen mit der Körpermalerei! Bodypaintingfarben könnt ihr kaufen oder selbst machen, mit Erdfarben oder mit dem Pulver, das die Indianer zu „Rothäuten" machte, weil sie sich damit zu rituellen Zwecken und zur Insektenabwehr bemalten: den Annatto-Samen. Aber Vorsicht: die meisten Naturfarben lassen sich nicht komplett abwaschen, sondern färben die Haut für längere Zeit, wie z.B. auch Henna. Das kann ja auch schön sein, mensch muss es nur *wissen*, damit der nächste Tag im Büro nicht „interessant" wird... Bemalt euch selbst oder gegenseitig: das Gesicht, den ganzen Körper... Muster, Symbole, Linien, Flächen... genießt die Farben, das sinnliche Erlebnis und die kreative Leichtigkeit des Seins.

Alltag als Übung

HEUTE MORGEN ...

... habe ich geduscht. Das ist nichts Besonderes. Jedenfalls nicht in unserer Gesellschaft. Das Ungewöhnliche für mich ganz persönlich war heute, dass mir zum ersten Mal so *richtig* aufgefallen ist, wie unbewusst und irgendwie auch respektlos ich dusche. Schon lange versuche ich alles in meinem Leben so achtsam und bewusst wie möglich zu tun, aber oft klappt es einfach nicht. Und genau *das* ist mir dann auch nicht bewusst. Das ist ja das Dilemma mit der Achtsamkeit. Dennoch: üben hilft natürlich und sich immer wieder selbst an die Hand nehmen und sich bewusst werden, was ist. Und es hilft auch, wenn mensch so eine Art Aha-Erlebnis hat, wenn etwas tiefer einsickert ins eigene System oder sich etwas neu offenbart. So war das heute Morgen bei mir mit dem Duschen.

Klar, wenn ich dusche, spüre ich das warme Wasser auf der Haut, wasche mich etc. Aber wirklich „da" bin ich nicht. Meine Aufmerksamkeit ist zu mindestens 80% irgendwo anders. Meist schon in Gedanken an die Arbeit, die zu tun ist oder was auch immer. Jedenfalls im Kopf, in irgendwelchen „virtuellen Welten" des Großhirns aber sicher nicht unter der Dusche.

Das ist so schade: duschen ist etwas so Wundervolles und Einzigartiges: das Wasser, das uns berührt und einhüllt, wärmt und reinigt oder auch erfrischt und belebt... und dann verpassen wir dieses besondere und sinnliche Erlebnis einfach!

Dazu dieser Luxus! Dass da einfach (und auch noch regulierbar) kaltes und heißes Wasser in super Qualität aus dem Duschkopf kommt, ist ein Privileg, welches wahrhaftig nicht alle Menschen auf der Welt haben. Das wusste ich schon immer, aber wirklich *würdigen* kann ich es erst, seit ich zu einen großen Teil meiner Zeit diese Möglichkeit selbst *nicht* habe.

Mein nächstes Duschen wird ein wirkliches Erleben sein. Und eine Würdigung des Geschenks des frischen, warmen Wassers durch meine Wertschätzung, Dankbarkeit und Freude!

ANDERS ESSEN

Hast du schon mal mit den Händen gegessen? Ich meine außer ein Eis oder Pommes mit Ketchup. Ich meine *richtiges* Essen. In manchen Zeiten und Ländern (und bei uns in entsprechenden Restaurants) war oder ist essen mit den Händen erlaubt oder sogar die Regel. Wir finden das zwar lustig, irgendwie aber auch befremdlich. Fast eklig. Warum eigentlich?

Das *Messer* ist fast so alt wie die Menschheit, den Faustkeil gab es noch vor der Entdeckung des Feuers. Den *Löffel* gab es auch schon immer: Muscheln, Blätter, Geschnitztes. Dazu ein Beispiel aus Dominica, meiner zweiten Wahlheimat: um nach dem Kokoswasser-Schlürfen noch das leckere Fruchtfleisch zu verzehren, nutze mensch die Machete und hacke gekonnt einen „Löffel" aus der harten Schale. Und dann ist da die *Gabel*, die ist neu. Jedenfalls noch nicht wirklich alt. Im Mittelalter kam sie „bei Hofe" auf und erlaubte den Damen, ihre Hände beim Essen nicht zu beschmutzen. Gleichzeitig galt sie als Teufelszeug. Hildegard von Bingen soll von der „Verhöhnung Gottes" durch die Gabel gesprochen haben. Die Kirche und ihre Vertreter haben sehr vieles „verteufelt". Meist zu Unrecht, schlimmsten Unrecht. Aber wenn ich Hildegard hier richtig verstehe, verurteilte sie eher das *nicht* mit den Fingern essen, als die Gabel selbst. Die Verbreitung der Gabel ist ein schönes Beispiel für die geschichtliche „Separation" des Menschen von Einheit und Natur (siehe zu diesem Thema auch Charles Eisenstein: „Die Renaissance der Menschheit", *sehr* spannend!). Wir setzen etwas zwischen uns und unser Objekt der Begierde, hier das leckere Essen. Und das obwohl unsere Finger heutzutage super sauber sind. Genau wie das Essen...

Vielleicht „lieben" daher so viele Menschen (und besonders Kinder) Fastfood: da isst mensch fast immer mit der Hand. Wenn du dieses Zeug nicht magst (was ganz natürlich wäre), probiere das „Mit-den-Fingern-Essen" einfach mal so aus. Oder mache es dir leichter und beginne mit hölzernen Stäbchen...

TRÄUMEN

Gestern hatte ich eine schlimme Nacht. Draußen stürmte es, ich konnte nicht schlafen und kam in meinem Hirn nicht zur Ruhe. Vor allem aber hatte ich sehr unangenehme Träume, fast schon Albträume. Mit Insekten, die mich fressen wollten und mit meinem Körper, der sich einfach nicht bewegen konnte, wie gelähmt, ausgeliefert. Furchtbar. Aber irgendwie auch nicht so schlimm, ich bin dann ja wieder aufgewacht und alles war gut. Woher kommen eigentlich die Träume?

In jeder menschlichen Kultur wird geträumt und sind Träume irgendwie wichtig. Aber ganz unterschiedlich: in unserer Kultur werden Träume in Psychoanalyse und anderen Therapien zur Aufdeckung und Interpretation unbewusster Seelenbereiche, Konflikte, Ängste und Traumen genutzt. Bei den australischen Aborigines gilt die „Traumzeit" als realer denn die sogenannte Wirklichkeit. In Dominica habe ich indianische Freunde die garnicht träumen. Und wenn doch, wird das Geträumte wahr, ist also gleichsam prophetisch. Wo kommen also die Träume her? Nur aus unserem individuellen Unbewussten oder auch aus dem kollektiven? Und kann der Ort, an dem wir uns befinden auch einen Einfluss haben? Alles hängt zusammen.

Woher sie auch kommen: unsere Träume sind eine spannende Sache und oft aufschlussreich für unbewusste Vorgänge in uns selbst. Und auch, wenn es verbreitete Symbole für die Traumdeutung gibt, die besten Interpreten unserer Träume sind wir selbst und unser tiefes Gefühl. Nur wir „wissen", wie etwas im Traum auf uns wirkt, wie alles zusammen gehört.

Schreibe deine Träume doch einfach mal auf! Hilfreich ist da eine Art Traumtagebuch, dass neben deinem Bett liegt. Gleich aufschreiben ist am besten. Oder du sprichst nachts in dein Smartphone und wirst manchmal am nächsten Tag erstaunt sein, was du da alles gesprochen hast. Sehr schön ist auch der Traum-Austausch mit Partnern oder Freunden. Versuche es!

LIEBENSWERT

Oft halten wir - jedenfalls die nicht allzu Selbstbewussten unter uns - andere Menschen für fähiger als uns selbst und sehen mehr, was die anderen schaffen und wo wir selbst versagen. Um unsere Selbst-Liebe steht es oft nicht sehr gut. Das liegt zu einem großen Teil an unserem inneren Kritiker, der dauernd an uns rummeckert. Er beobachtet uns ganz genau und oft auch schonungslos. Beurteilt, richtet, bewertet... und dies fast *immer* negativ. Der heißt ja auch innerer *Kritiker* und nicht innerer Unterstützer. Kritik kann ja auch positiv sein. Wenn sie konstruktiv ist. Aber das ist sie bei *unserem* Kritiker meist nicht. Da wird verurteilt, zerhackt und abgelehnt. Oft schmerzhaft und manchmal fast vernichtend. Das haben wir so gelernt.

Es heißt: „Liebe den anderen wie dich selbst." Aber das tun wir doch schon! Wir sind so weit weg davon, uns selbst zu lieben, dass wir es bevorzugen, uns von morgens bis abends zu kritisieren. Und genau das machen wir mit anderen auch.

Ich persönlich habe sehr viel Liebe in mir und möchte *wirklich* respektvoll und aufbauend mit anderen umgehen. Das gelingt mir auch recht gut mit mir nahestehenden Menschen. Aber in alltäglichen Begegnungen, in der U-Bahn, im Café... manchmal bin ich selbst erschrocken über die unschönen Gedanken, die da in meinem Kopf entstehen: „Wie sieht die denn aus? Der sollte das doch nicht so und so machen! Ich würde ja nie...".

Ätzend. Kennst du das auch? Ich glaube jeder kennt das.

Seit einigen Wochen gewöhne ich mir ein kleines Spiel an: wenn ich Menschen begegne und mir die blödesten Gedanken in den Kopf kommen, halte ich einfach inne und frage mich: „Was gefällt mir an diesem Menschen? Was finde ich schön? Was gibt es wohl Gutes in seinem oder ihrem Leben?" Das ist garnicht so einfach und liegt nur an unserer tiefgreifenden Konditionierung. Umlernen ist immer Arbeit für Herz und Hirn. Aber es lohnt sich: Jeder Mensch ist liebenswert. Wirklich *jeder*.

ROMANTISCHE LIEBE

Lebendige Polarität

KELCH UND SCHWERT

Vor ein paar Jahren war ich in einer archäologischen Ausstellung zu „Mann & Frau in der Steinzeit". Ein Forscherteam hatte es sich zur Aufgabe gemacht, doch einmal nachzuschauen, ob die Annahmen in der Archäologie zur Zuordnung von Mann und Frau zu bestimmten Gegenständen und Tätigkeiten denn auch stimmte. Bis dato haben die Archäologen nämlich garnicht so genau hingeschaut, sondern einfach *angenommen*, dass z.B. ein Skelett, welches neben Pfeil und Bogen liegt, ein Mann ist und der Webrahmen nur zu „ihr" gehören konnte. Aber hier zeigte sich nun nach erstmaliger Untersuchung (Männer und Frauen sind ja durch verschiedene Beckenformen ganz einfach zu unterscheiden), dass damals alles ganz anders war als es die Wissenschaftler aus ihrer gesellschaftlichen Konditionierung und eigenem Vorurteil so festgelegt hatten: mehr als die Hälfte ihrer Zuordnungen war schlicht falsch! Frauen besaßen auch Speere und Männer waren Töpfer... alles war möglich und feste Rollenverteilung einfach nicht feststellbar. Spätestens da wurde mir endgültig klar, dass unsere Schulbildung und allgemeine Auffassung von Archäologie und Geschichte eine extreme „Schieflage" hat, gerade was das Thema „Mann und Frau" angeht. Seit es Geschichtsschreibung gibt, sind es die Sieger, die diese schreiben. Und das sind in der Regel Männer in hierarchischen Gesellschaftsformen. Und die schreiben nur von Männern als Könige, Priester, Denker und Künstler. Seit dreißig Jahren „forsche" ich auf diesem Gebiet und es ist so einfach nicht wahr. Dazu noch zwei Beispiele aus der Vorzeit: in den Steinzeithöhlen von Lascaux sollen die Künstler Schamanen oder Jäger gewesen sein, jedenfalls Männer. Aber auch da stellte sich raus: das waren auch Frauen! In jenen Zeiten waren sowieso viel mehr die Frauen die Schamaninnen und die Göttin war weiblich. Oder die minoische Kultur auf Kreta: das war eine egalitäre Gesellschaft in der Männer und Frauen tatsächlich gleichwertig waren. Hast du davon jemals in der Schule gehört? Garantiert nicht. Wenn es dich interessiert, hier zum Start ein Buchtipp: „Kelch und Schwert" von Riane Eisler. Spannend!

FRAU SEIN

In manchen indianischen Kulturen gab es die Sitte, dass Frauen während ihrer Menstruation das Dorf verließen und in einiger Entfernung in einer „Mondhütte" weilten. Mit dabei nur die ganz jungen Babys und andere „Mondzeit"-Frauen. In der Literatur liest mensch oft, dass Frauen in dieser Zeit als „unrein" galten und daher gleichsam verstoßen wurden. Die meisten Berichte wurden damals von Missionaren geschrieben, oder von Entdeckern, jedenfalls von Männern. Zudem hatten sie ja meist keinen tieferen Einblick in die wirklichen Zusammenhänge und schon garnicht in Rituale, die Frauen betrafen. In vielen indigenen Kulturen ist eine menstruierende Frau wirklich ein Tabu, sie darf bestimmte Nahrungsmittel nicht berühren etc. Aber mit der „Mondhütte" hatte das alles noch ganz andere Aspekte: die Frauen waren eine Zeit nur unter sich, mussten für niemanden sorgen, hatten eine Art monatliche „Auszeit" von Männern und Arbeit. Ist das nicht klasse? Bei uns werden diese natürlichen Zyklen völlig übergangen, obwohl Frauen in dieser Zeit wirklich Ruhe und „Einkehr" gebrauchen können. Ich persönlich wäre dafür, diese Sitte in zeitgemäßer Weise wieder einzuführen! Übrigens hatten in ganz frühen Zeiten alle Frauen höchstwahrscheinlich auch zur gleichen Zeit ihre Periode, und zwar zu Neumond. Was zu Vollmond oft recht vergnügliche Nächte mit sich brachte, weil dies dann ja die fruchtbare Zeit *aller* Frauen war. Und noch ein Beispiel: grad habe ich ein Buch gelesen von einer Theologin, die über den weiblichen Zyklus und seine Tabuisierung geschrieben hat und auch über die uralte „Wildschweingöttin". Sie wurde natürlich exkommuniziert.

Wir Frauen haben die Verbindung zu unserer weiblichen Kraft verloren, zu unserer *Ur*kraft und Wildheit, unserer Sanftheit und Sensibilität, zu unseren Zyklen und Emotionen. Hast du dich schon einmal mit der *weiblichen* Geschichte beschäftigt oder mit Göttinnen? Oder mit dem, was physiologisch in dir vorgeht? Oder wusstest du, dass die „Pille" dich und deine Männerwahl extrem beeinflusst? Kennst und liebst du dich wirklich als Frau?

MANN SEIN

Schon seit meiner Jugend beschäftige ich mich mit den sogenannten Archetypen (kollektive Ur-Erfahrungen und Symbole) und stieß dabei vor langer Zeit auf den „Eisenhans" von Robert Bly. Dies ist ein „Buch über Männer" und trotz seines betagten Alters heute noch sehr zu empfehlen, wenn du dich mehr mit deinem ganz ureigenem Mannsein auseinandersetzen willst. Ausgehend von dem gleichnamigen Grimm'schen Märchen erläutert Bly anhand von männlichen Archetypen die Mann-Werdung vom Jungen zum erwachsenen und reifen Mann. Die Archetypen sind: der Heiler, der Vater, der Krieger, der wilde Mann, der Liebhaber, der Mystiker und der König. Alles ungemein spannende Themen. Besonders eingehen möchte ich hier auf den „wilden Mann".

Wir alle, Männer *und* Frauen, waren einmal „wild" im Sinne von ungezähmter, freier und unabhängiger von gesellschaftlichen Konditionierungen. Dies ist in unserem Kulturbereich schon *sehr* lange her, Tausende von Jahren. Aber das ist ein Minütchen im Verhältnis zu der Zeit, in der wir als Menschen „frei" durch die Steppe zogen oder später in keltischen bzw. germanischen Clans unsere „Wildheit" noch anteilig leben konnten. So oder so: der „wilde Mann" steckt noch in dir. Ob du willst oder nicht, er ist einfach Teil des Mannseins. Das kann ich als Frau einfach so behaupten, bei uns ist es nämlich das Gleiche. Nur, dass bei euch Männern die kulturelle Unterdrückung des „wilden Mannes" stärkere Auswirkungen hat. Der „wilde Mann" ist seiner Natur gemäß aggressiv. Dieses Wort kommt vom Verb (lat.) „aggredi": „sich zubewegen auf". Und genau das *musste* ein Mann seit urdenklichen Zeiten tun, sonst keine Jagd, keine Verteidigung etc. Wird diese Urkraft aber unterdrückt oder fehlgeleitet, kann sie destruktiv werden statt konstruktiv; wie wir an unserer Geschichte und der heutigen Zeit eindeutig erkennen können...

Hast du Lust, dich mit deinem „wilden Mann" zu beschäftigen, ihn wahrzunehmen? Vielleicht sogar, ihn bewusst zu *leben*?

LIEBE UND FREIHEIT

Es gibt ein tolles Buch mit dem wundervollen Titel „Die Freiheit ist ein Kind der Liebe - Die Liebe ist ein Kind der Freiheit" von Gerald Hüther und Maik Hosang. Es geht um unsere beiden elementarsten Sehnsüchte: Liebe und Verbundenheit auf der einen und Selbstbestimmung und Unabhängigkeit auf der anderen Seite. Ein Neurobiologe und ein Philosoph, die mir beide aus der Seele sprechen. Sehr empfehlenswert! Für mich persönlich ist Freiheit ohne Liebe sinnlos; ohne Freiheit ist Liebe keine Liebe, sondern Zwang. Dies ist ein weites Feld und wichtig für wirklich alle Aspekte des Lebens. Hier im Kapitel „Romantische Liebe" geht es um Männer und Frauen und deren Liebe... und Freiheit. Und mit *beidem* steht es nicht zum Besten. Vor allem unsere „kollektive Unbewusstheit" in diesem so essentiellen Bereich finde ich äußerst interessant. Ist dir z.B. schon aufgefallen, dass wir in unserer so „freien" Gesellschaft ungefragt und ganz automatisch davon ausgehen, dass eine Beziehung sexuell „exklusiv" ist? Ab *dem* Moment an dem zwei Menschen „zusammen sind" (welcher sich oft über den ersten sexuellen Kontakt definiert) ... „gehören" sie sich gegenseitig. Ab sofort ist mensch ein Paar und beide dürfen das andere Geschlecht nun am besten garnicht mehr anschauen oder gar begehren. Und sexuelle Aktivität außerhalb dieser Beziehung ist natürlich sowieso verboten. Ein Übertreten dieses Tabus ist tiefster Vertrauensbruch und meist auch das Beziehungsende. Gegen all' das ist ja überhaupt nichts zu sagen, exklusive Liebesbeziehungen können eine wunderschöne Sache sein. Was ich hier so erstaunlich finde, ist die Selbstverständlichkeit und vor allem die *Unbewusstheit,* mit der das Ganze bei uns abläuft. Und es wird noch nicht mal darüber *geredet*! Das ist einfach so. Menschen, die Lust und Liebe miteinander teilen, vielleicht zusammen leben und Kinder haben... und nicht mal darüber reden, ob sie das alles auch so *wollen*? Wirklich erstaunlich.

Wie können wir tiefe und verbindliche Beziehungen haben und authentisch bleiben? Wie können wir Liebe *und* Freiheit leben?

Liebe und Heilung

TÊTE-À-TÊTE

In meinem ganzen bisherigen Leben habe ich nur ein einziges Paar kennengelernt, das eine wirklich harmonische und liebevolle Partnerschaft geführt hat, und dies über viele Jahrzehnte hinweg: Aries und Pierre. Diese Beziehung würde auch noch genauso beglückend weitergehen, wenn Pierre nicht letztes Jahr mit 86 Jahren friedlich verstorben wäre. Auf der bewegenden „Fête de Pierre" hatte ich das Bedürfnis etwas über das „Geheimnis" dieser ungewöhnlichen Partnerschaft zu sagen. Da der Familien- und Freundeskreis der beiden deutsch- und französischsprachig ist, wurden meine Worte übersetzt. In diesen Pausen und nach meiner kleinen „Rede" konnte ich bei den Anwesenden ein tiefes Berührtsein fühlen, aber auch Verunsicherung, vielleicht sogar Scham, genau: „betreten sein" ist hier wohl das beste Wort. Und um Worte ging es auch, um Aries und Pierres wöchentliches „tête-à-tête".

Ein „tête-à-tête" ist ein Gespräch unter vier Augen, ein privater Austausch, manchmal auch romantischer Natur. Bei Aries und Pierre ging es aber um etwas Grundlegenderes und zwar um Wahrhaftigkeit und Liebe. Die beiden haben sich in ihrem über 40jährigen Zusammenleben (welches natürlich auch diverse Höhen und Tiefen hatte) jede, wirklich jede Woche einmal zusammengesetzt und sich darüber ausgetauscht, wie es ihnen jeweils geht. Mit dem Leben, mit sich selbst und mit dem anderen. Über das, was gut läuft und sich gut anfühlt, aber auch über das, was nicht so gut läuft und sich nicht so gut anfühlt. Über alles. Und zwar total ehrlich, offen und in Liebe.

Und ich bin mir ganz sicher, dass dies eines der wichtigsten Bausteine ihrer stabilen und lebendigen Partnerschaft war. Und deswegen auch das anteilig unangenehm Berührtsein, dass ich gespürt habe: Wer hat schon eine so tiefe, ehrliche und freundschaftliche Liebesbeziehung? Welches Paar redet so wahrhaftig miteinander, kennt und vertraut sich so sehr und hat die Liebe und den Mut für ein wöchentliches „tête-à-tête"?

HEILENDE BEZIEHUNGEN

Aus meiner Sicht sollten Liebesbeziehungen in erster Linie „Heilende Beziehungen" sein. Und wohl auch „müssen", wenn sie funktionieren und eine Bereicherung auf unserem Weg sein sollen. Es geht ja schon da los, dass Frauen und Männer garnicht zusammen passen. Ich meine jetzt zum Zusammenleben, so wie wir das in unserer Gesellschaft tun, als Paar oder Kleinfamilie. Das war nicht immer und überall so, früher gab es auch bei uns Stämme, später Großfamilien. In anderen, besonders indigenen, Kulturen leben Männer und Frauen oft getrennt in Gruppen und treffen sich für alles, was beide verbindet. Wenn wir es trotz aller Unterschiede dennoch versuchen wollen und dabei sowohl authentisch als auch verbunden bleiben... dann kommen wir ums Reden nicht drumrum. Und um Offenheit, Ehrlichkeit, Verletzlichkeit und, ja, um Heilarbeit. *Richtiger* „Arbeit" an uns selbst und mit dem anderen. Allein, miteinander und gern auch mit Hilfe von außen, weil mensch sich sonst so schnell verstrickt. Und das ganz besonders, da wir ja unseren Partner (unbewusst natürlich) nach ganz speziellen Kriterien ausgewählt haben: er oder sie soll unsere „Knöpfe" drücken, sprich alte Muster und Wunden aus der Kindheit berühren, damit wir diese heilen können. Deswegen suchen wir uns ja auch gern einen Partner, der genauso ist wie unsere Mutter oder unser Vater, um das mal etwas pauschal auszudrücken. Da meinen wir es eigentlich echt gut mit uns selbst, können doch seelische Verletzungen oder Mangelerfahrungen aus der Kindheit (also aus unseren *ersten* Liebesbeziehungen!) am besten in heutigen Liebesverhältnissen gewahr und geheilt werden. Aber das alles funktioniert natürlich nur, wenn beide Partner sich ihres Heilungsbedarfs *bewusst* sind und an ihrer seelischen Heilung arbeiten *wollen*. Und *können*. Wenn die Interaktionen zwischen Partnern unbewusst bleiben, wirken sie sich ja meist destruktiv aus oder führen zur Trennung. Und leider wird's beim Nächsten nicht viel besser werden...

Bitte, ihr Liebenden dieser Welt: macht eure Beziehungen zu herausfordernden und wundervollen „Heilenden Beziehungen"!

INNERE KINDER

Mir wird immer bewusster, wie sehr gerade Liebesbeziehungen nur zum Teil auf „erwachsener" Basis stattfinden, also (meist) zwischen Mann und Frau. Das sieht zwar von außen so aus, aber tief drin, in der Bedürftigkeit und in emotionalen Reaktionen und daraus resultierendem Handeln... da agieren ein verletzter Junge und ein verletztes Mädchen miteinander. Gleichsam unsere „inneren Kinder". Die zanken sich oder fühlen sich „nicht gesehen", die agieren unbewusste Wut aus oder Verachtung für ein bestimmtes Verhalten; die sind zutiefst verunsichert oder sehnen sich nach „bedingungsloser Liebe"...

Und „wir" als Erwachsene bekommen das alles garnicht mit. Wir denken, wir streiten oder leiden zwischen Mann und Frau, und natürlich gibt es das auch. Wegen all' der Unterschiede zwischen diesen verschiedenen „Spezies", wegen Sorgen und Ängsten aus der Erwachsenenwelt, wegen Überforderungen etc. Aber ein großer Anteil der tiefliegendsten und emotionalsten Probleme zwischen Menschen, und insbesondere zwischen Liebenden, sind alt. Fast so alt wie wir selbst. Es sind unsere „inneren Kinder", die da nach Aufmerksamkeit verlangen oder wieder einmal verletzt werden. Lasst uns ihnen zuhören!

Ganz besonderes Anliegen fast aller unserer „inneren Kinder" ist besagte „bedingungslose Liebe", die eigentlich das wäre, was jedes Kind in seiner frühesten Lebenszeit ganz natürlich geschenkt bekommt. Das ist das Natürlichste von der Welt: geliebt werden ohne jegliche Bedingung oder Gegenleistung, nur bekommen, nichts geben, nichts müssen, nur sein. In Freude willkommen geheißen und von Herzen geliebt und genährt. Ganz normal eben... Nur bei uns nicht. Bei uns *allen* nicht. Und so sehnen sich unsere inneren Kinder schmerzlich nach letztendlicher Erfüllung, und dass bei ihrem Partner, der die gleiche unerfüllte Sehnsucht hat. Das funktioniert natürlich überhaupt nicht. Aber ihr könnt euch *bewusst* als Mann und Frau zusammenzutun und helfen, die inneren Kinder zu heilen!

ALTE WUNDEN HEILEN

Es gibt etwas in unserer Gesellschaft, über das kaum gesprochen wird, obwohl es erstaunlich verbreitet ist: psychischer und körperlicher Missbrauch. In den Medien wird gern über Geschehnisse in kirchlichen Kreisen berichtet oder über aktuelle Kriminalfälle. Aber über den ganz normalen Wahnsinn in Familien oder Freundeskreisen und dessen nachhaltigen Auswirkungen auf die Betroffenen, wird kaum gesprochen. Und ganz besonders nicht in deren Paarbeziehungen, wo es aber unbedingt hin gehören würde. Irgendeine Form von psychischem Missbrauch kennt, glaube ich, fast jeder Mensch unserer Kultur. Aber auch körperlich-sexueller Missbrauch ist weitaus verbreiteter als mensch sich das gerne vorstellen möchte. Und die Täter kommen meist aus der sehr nahen Umgebung der missbrauchten Kinder oder Jugendlichen. Eigentlich ja unglaublich, aber schlicht Realität. So wie auch die vielen „kleinen" Traumata, die wir alle aus unser Kindheit mitgebracht haben: Muskelverhärtungen, Verspannungen und Fehlhaltungen; Ängstlichkeiten, Körperzonen, die nicht berührt werden wollen... Mit all' dem können wir uns als Liebespaar wunderbar helfen! Bei tieferen seelischen oder körperlichen Traumen bedarf es oft einer stabilisierenden, professionellen Begleitung. Aber ihr könnt ganz sanft einfach mal mit der heilenden Arbeit anfangen oder eine laufende therapeutische Begleitung miteinander vertiefen. Das alles geht natürlich nur, wenn ihr wirklich liebevoll und achtsam miteinander sein könnt und euch total vertraut. Und wenn ihr offen miteinander reden könnt, auch Unangenehmes oder auch Peinliches zu sagen traut, oder zu sagen lernt. Wenn ihr ein solches Paar seid, dann stehen euch so viele Wege der „heilenden Liebe" offen, die ihr vor allem auch körperlich leben könnt: sich in den Arm nehmen, trösten und streicheln; im Dunkeln von Dingen sprechen, die im Lichte zu unangenehm sind; bei Zärtlichkeiten und im lustvollen Miteinander seelische und körperliche Bereiche, die unerlösten Schmerz enthalten, ganz sanft berühren; unendlich liebevoll und zutiefst achtsam gemeinsam alte Wunden heilen...

SelbstLiebe

SPÜRE DICH SELBST

Romantische Liebe und auch erotische Leidenschaft zwischen zwei Menschen beginnt, aus meiner Sicht, bei mir selbst. Wenn ich mich selbst nicht lieben kann, körperlich und emotional, mich vielleicht sogar ablehne oder noch alte Traumen mit mir rumschleppe... wie soll ich dann mit meinem Liebespartner eine erfüllende Sinnlichkeit leben können oder eine tiefe Liebe? Natürlich können wir uns als Liebende auch gegenseitig auf unserem Selbstentdeckungs- und Heilungsweg begleiten, sehr schön sogar (dazu ja schon im Kapitel „Liebe und Heilung"). Am Beginn unseres Weges oder auch im fortgeschrittenen Stadium kann eine „Reise nur zu uns selbst" aber eine wunderschöne und wirklich transformierende Erfahrung sein. Ob du ein Mann bist oder eine Frau, du wirst Freude an der Selbsterforschung haben und deine Erkenntnisse und dein neues Erleben auch in deine Liebesbeziehung einbringen können und diese so bereichern. Am Anfang der „SelbstLiebe" steht für mich die Wahrnehmung, das liebevolle Gewahrsein meiner Selbst. Körperlich, geistig, psychisch; meine Wünsche, meine Vorlieben, meine noch unentdeckten Sehnsüchte; meine Ängste oder alten Muster aus der Kindheit, meine Verletzungen aus früheren Beziehungen. Um all' das soll es hier gehen... Fangen wir an mit dem „Spüren", mit der Selbstwahrnehmung deines Körpers, deiner Gefühle und deiner ureigenen Sinnlichkeit. Hast du dich jemals wirklich selbst erforscht? Versuche es mal! Manche lieben es mehr optisch und nehmen einen Spiegel; ich persönlich bin da fürs „pure" Spüren, nur Hände, Haut und lustvolles Tasten. Mach' es dir irgendwo ungestört gemütlich, im Bett oder in der Badewanne, vielleicht mit ein wenig Öl, und fange an, dich selbst zu entdecken: berühre dein Gesicht, Augen, Mund und Wangen, entdecke sie als spürest du dich zum ersten Mal; berühre sanft deinen Hals, deine Schultern; deine Brust bzw. deine Brüste... lasse dir Zeit und entdecke deinen ganzen Körper. Verweile dort, wo es sich besonders gut anfühlt oder auch verunsichernd; nimm' einfach wahr, wie es dir geht und was du fühlst; heiße alles willkommen, lass' alles geschehen. Spüre das Wunder, dass du selbst bist!

ALTES LOSLASSEN

Um wirklich frei zu sein für neue Erfahrungen oder tieferes Erleben kann es sehr hilfreich sein, erstmal „Altes" loszulassen. Und auch wenn du dir aktuell keiner tiefen Belastungen bewusst bist, kann es doch sein, dass solche „Altlasten" dein Gefühls- oder Liebesleben beeinflussen oder einschränken.

Ein schönes Beispiel sind frühere Partnerschaften, die während ihrer Dauer zu emotionalen Verletzungen geführt haben oder deren Beendigung Konflikte oder Gefühle ungelöst hinterließ.

Spätestens, wenn du dich näher damit beschäftigst, wirst du merken, was dort noch an Schmerz, Wut oder Trauer drinsteckt, obwohl du dachtest, das sei schon „lange vorbei". Auch wenn du jetzt vielleicht denkst, mensch solle die „schlafenden Hunde nicht wecken"... aus meiner Erfahrung hilft das garnichts, da diese ja trotzdem *lebendig* sind und unterschwellig auf unser Seelenleben Einfluss nehmen. Außerdem suchen wir uns ja oft als nächsten Partner einen mit ähnlichem Konfliktpotential...

Zunächst ist es eine ganz tolle Sache, dir einfach mal deine letzte oder die letzten Liebesbeziehungen genauer anzuschauen. Schreib dir die Namen auf und gib' dir jeweils Zeit, nochmal richtig reinzugehen in diese Beziehung(en). Was ist noch offen? Was war schwierig? Warum habt ihr euch getrennt? Was war schön oder was vermisst du jetzt sogar? Bist du noch wütend oder traurig? Hättest du ihn oder sie eigentlich gern „zurück"? Mach' dir einfach so bewusst wie möglich, was in dir *ist*. Und wie du, selbstverantwortlich und ganz liebevoll mit dir selbst, damit umgehen willst. Wenn du Lust hast, mache ein kleines Abschiedsritual und gib das Aufgeschriebene frei, in einem Feuer oder einen Fluss. Vielleicht kannst du mit deinem oder deiner „Ex" auch nochmal persönlich über einiges reden und somit klären. Und für deine *neue* Partnerschaft halte ich es für äußerst hilfreich über diese früheren Beziehungen zu *reden*! Offenheit und Wahrhaftigkeit als Basis für Liebe *und* Selbstliebe.

NEUES WAGEN

Und nun etwas ganz Abenteuerliches: „Neues wagen"! Wirklich *Neues*. Und ich meine jetzt nicht neue Sexstellungen aus dem Kamasutra, dazu kommen wir erst später... Nein ernsthaft: nur für dich selbst Neues an *dir* entdecken. Seiten von dir selbst, die du vielleicht noch garnicht kennst oder bisher nicht zu leben gewagt hast. Und diese Entdeckungsreise kann manchmal als „Singlereise" besonders schön sein, weil mensch da erstmal nur die *eigenen* Wünsche, Bedürfnisse und „Unanständigkeiten" erforschen kann, ohne auf den anderen Rücksicht nehmen zu müssen oder Angst vor dessen Bewertungen zu haben. Diese haben wir ja schon oft genug in uns selbst und meist mal wieder unbewusst, da kollektiv geprägt oder durch alte Erfahrungen. Wenn du für dich dann soweit bist, kannst du deine sinnlichen „Forschungsergebnisse" ja mit deinem Partner teilen und ihr weiter daran „arbeiten". Es wird euch ganz sicher bereichern! Deine Reise zu dir selbst ist natürlich so individuell wie du es bist. Hier möchte ich dir nur ein paar Anregungen geben, wie du an das „Neue" leichter rankommst, oft stehen wir da nämlich selbst auf dem Schlauch. Also erstmal finde ich es eine super Sache, sich zu *informieren*, was es denn alles so gibt; ich meine jetzt im erotisch-sinnlich-sexuellen Bereich: im Internet findet sich ja meist furchtbarer Mist, aber es ist auch Interessantes dabei. Vielleicht gibt es erotische Filme, Gedichte oder Texte, die dich ansprechen oder sinnliche Kunst. Auf meinem Schreibtisch steht z.B. ein wunderschöner Holzphallus (den ich auch mittlerweile nicht mehr wegräume, wenn Besuch kommt). Es gibt auch sehr schöne Literatur zu Liebe und Sinnlichkeit, z.B. über Tantra (dazu wirklich später mehr), erotische Massage, Kurzgeschichten und vieles mehr. Gönne es dir einfach und finde raus, was dir wirklich gefällt, worauf du echt *Lust* hast. Und dann kannst du anfangen, mit deinem eigenen sinnlichen „Abenteuer", vielleicht erstmal auf dem Papier oder am Computer: schreibe doch einfach *deine* ganz persönlichen erotischen Geschichten! Für mich war das eine „Revolution" in meinem sexuellen Dasein: erst das mich „frei" Schreiben, dann dies zu teilen... und es dann zu *leben*!

LIEBT EUCH SELBST

In dieser kleinen Anregung geht es um beides: um Selbstliebe und um die Liebe zwischen dir und deinem Partner oder mit deinem Liebhaber. Ich persönlich ziehe die Grenze zwischen einer Liebesbeziehung und einer Freundschaft übrigens nicht so streng, wie das allgemein üblich ist. Ich habe in den letzten Jahren, natürlich liebevoll und respektvoll, achtsam und ehrlich, mit verschiedenen Beziehungsformen experimentiert und bin für mich bei der „Liebesfreundschaft" als meinem ureigenem Ideal gelandet: also wenigen, aber tiefen und verbindlichen Freundschaften mit Männern, die auch zärtliche oder sogar sexuelle Anteile haben. Dabei habe ich für mich festgestellt, dass ich erstens mehrere Männer lieben kann, nur eben auf ganz unterschiedliche Weise. Und zweitens, dass meine „Eifersucht" bezüglich dieser Männer, die sexuell auch „frei" waren, nur auf zwei Grundemotionen beruhte: Minderwertigkeitsgefühlen und Verlustangst. Was ist eigentlich Eifersucht? Es gibt Menschen, die sagen, ohne Eifersucht wäre es keine Liebe, aber das bezweifle ich sehr. Es gab und gibt Kulturen auf dieser Welt, bei denen Eifersucht als *unangebracht* angesehen wird, die zudem sehr gut funktionieren und dazu äußerst friedlich sind, z.B. die Mosuo im südlichen China. Da ist es wieder, das Thema „Liebe und Freiheit". Für mich kann eine Liebesbeziehung auch exklusiv sein, wenn es der Wunsch meines Partners ist und ich mich bewusst dafür entscheide (so wie ich es im Moment auch grad lebe). Und genau darum geht es mir hier einmal mehr: um die *offene* Aussprache und um *bewusste* Entscheidungen. Zunächst für dich selbst und dann mit deinem Partner. So viele Menschen „verlieren" sich gleichsam selbst in einer Partnerschaft (und so erging es mir auch schon oft genug). Ich kannte mal eine Sophie und einen Fabian (Namen geändert), beide ganz individuelle Menschen. Aber ab ihrem Beziehungsbeginn waren sie wie symbiotische Zwillinge und verloren immer mehr ihre jeweilige Persönlichkeit. Ich habe sie dann spaßeshalber mal „SoFa" genannt. Das fanden die beiden garnicht lustig. Liebe ist etwas Wundervolles, aber achte auf dich und liebe dich selbst *zuerst*!

Liebende

VERBUNDEN SEIN

Wie anfangs erwähnt, heißt Liebe für mich in erster Linie „verbunden sein". Verbunden mit mir selbst, mit dem Leben, der Erde, der Natur, mit Tieren und mit lieben Menschen. Und auch wenn dies nur *ein* Aspekt der Verbundenheit ist, die Liebe zwischen Mann und Frau (oder was auch immer jemand bevorzugt) ist natürlich etwas sehr Besonderes und auch äußerst Kostbares. Und so bizarr irgendwie! Männer und Frauen sind so verschieden und im Leben oft auch „inkompatibel". Meist hapert es ja schon am sich gegenseitig verstehen, weil beide so unterschiedlich „ticken", vor allem emotional. Und dann hat es die Natur so eingerichtet, dass wir Liebe und Lust, das Intimste und Gefühlsintensivste, was wir erleben können, ausgerechnet mit dem doch so „Anderen" teilen. Faszinierend. Aber irgendwie auch logisch, ist doch unser totales „Gegenteil" besonders attraktiv und einfach spannend. Was dann ja auch die sexuelle Anziehungskraft ausmacht... und die Probleme. Es gab Kulturen in dieser Welt, da haben die Brüder der Frauen (oder brüderlich-platonische Freunde), die *praktische* Vaterschaft für die Kinder übernommen und waren für den Alltag da. Und der oder die Liebhaber der Frauen kamen nur auf „Besuchsehe" vorbei. Interessantes Konzept, finde ich. Aber hier geht es ja um Verbundenheit. Hast du dich mal gefragt, was dich mit deinem Partner oder einem Wunschpartner (wenn du auf Partnersuche bist) wirklich verbindet? Ist es die Familie, Kinder oder ein gemütliches Zuhause? Möchtest du jemanden, der immer für dich da ist und mit dem du reden kannst? Willst du mit deinem Partner viel unternehmen und nicht alleine reisen? Verbindet euch eine intensive und lustvolle Sexualität? Bist du (noch) einfach verliebt? Und was ist das eigentlich, „verliebt sein"? Was genau würde dir fehlen, wenn dein Partner nicht mehr da wäre? Was wäre vielleicht auch leichter für dich, wenn du alleine leben würdest? Wie ist eure Verbindung oder eine, die du dir wünschst: eine Verbindung der Herzen, der Körper, des Geistes? Oder alles zusammen? Ist das möglich? Wünschst du dir mehr Freiraum? Mehr Verbundenheit? Wonach sehnst du dich?

LIEBES-KREISE

Nein, es geht immer noch nicht um Sex. Darum wird es auch hier nie gehen, das ist viel zu „trivial", nicht die Sache natürlich, sondern das Wort. Ich finde es sehr bezeichnend, dass wir in unserer Sprache keine schönen Worte für die „schönste Sache der Welt" haben. Entweder es geht höchst medizinisch zu: „Geschlechtsverkehr", was für ein Wort! Oder es sind wirklich banale oder sogar aggressive Worte, oder gleich so neutrale, dass mensch garnicht mehr weiß, wo das herkommt, sowas wie „poppen". Was ist *das* denn? Da sind uns die Engländer und die Franzosen weit voraus: „making love"... „faire l'amour"... das ist doch schon besser, oder?! Oder die Inder... aber dazu wirklich später. Was meine ich also mit diesen „Liebes-Kreisen"? Ich meine ein kleines Ritual, das du mit deinem Partner oder deiner Partnerin machen kannst. Du kannst es auch abwandeln, und einen Partner einfach schon mal in deinen Kreis „einladen", wenn du dir einen wünschst. Also zum Ritual so wie ich es mir ausgedacht habe, der Variationen sind natürlich keine Grenzen gesetzt: ihr könnt es an einem schönen Ort in der Natur machen oder bei euch zu Hause. Es geht um „Kreise der Verbundenheit", um euren ganz intimen „Liebesraum". So groß, dass ihr beide euch darin bewegen und später bequem darin liegen könnt. Euer gemeinsamer Raum kann *ein* Kreis sein, den ihr euch beide teilt, dann seid ihr gleichsam „eins" in diesem Raum. Ich persönlich bin zu sehr Individualistin und bevorzuge *zwei* Kreise, die sich überschneiden. In der entstehenden „Schnittmenge" ist dann euer *gemeinsamer* Raum, der Rest bleibt euer *eigenes* Reich. Dann wird da Ganze natürlich um einiges größer, aber grad in der Natur macht das ja nichts. Nehmt also Steine oder Naturmaterialien, zu Hause eignen sich besonders Kerzen. Lasst euch Zeit mit euren Kreisen, macht sie richtig schön rund, dekoriert sie liebevoll, vielleicht ein paar Räucherstäbchen oder draußen ein Feuer, macht ein richtiges Ritual daraus. Dann könnt ihr euch in den Kreis bzw. in die Überschneidung eurer Kreise begeben. Schaut euch an, tauscht Geschenke aus, macht was euch gefällt und euch verbindet in euren „Liebes-Kreisen"...

FÜREINANDER DA SEIN

Einen wunderschönen Aspekt der Verbundenheit zwischen Liebespartnern, finde ich es, „füreinander da zu sein". Im Kapitel „Liebe und Heilung" hatte ich das schon mal angesprochen. Auch Freunde sind für uns da und umgekehrt, das ist ja auch das schöne an Freundschaften: auf echte Freunde können wir uns verlassen und sie können genauso auf uns bauen. Früher war das auch bei Eheleuten so und die Ehe ja eher ein „Projekt", eine Wirtschafts- und Lebensgemeinschaft, die auf lebenslange Dauer geplant war und an der die Ehepartner an „einem Strang zogen", um *gemeinsam* für Haus, Hof, Kinder oder Firma zu sorgen. Liebe war da ja äußerst zweitrangig. Jedenfalls das was wir heute unter Liebe verstehen: das romantische Verliebtsein und die sexuelle Attraktivität, die beide doch eher flüchtiger Natur sind. Was ja auch das irgendwie paradoxe an unserer aktuellen Beziehungskultur ausmacht (nicht immer natürlich, aber oft): für eine gewisse Zeit, also Monate oder Jahre macht ein Liebespaar *alles* zusammen und dann trennt es sich und *nichts* bleibt übrig. Das ist doch eigentlich unglaublich. Sehr viele sehen sich dann nicht mal mehr. Oft sicher wegen Trennungsschmerzen, Verletzungen etc. Aber ist das alles? Oder fehlte in manchen Beziehungen vielleicht auch eine Qualität, die jenseits der „Liebe" oder Anziehung liegt: das *echte* Interesse an dem anderen als *Mensch*, und ja, die Freundschaft? Für mich ist mehr und mehr, jede erwachsene Beziehung mit einem Menschen, den ich sehr mag (oder auch „liebe", auch da sind die Grenzen ja fließend, auch meine weiblichen Freunde liebe ich in einer bestimmten Weise, nur eben anders) eine Freundschaft. Und wenn ich, wie jetzt grad, sexuell exklusiv unterwegs bin, dann gibt es da noch einen, zu dem die Liebe eine ganz spezifische Qualität hat und der auch mein Liebhaber ist. Wie ist das bei dir? Hast du eine tiefe Freundschaft mit deiner Partnerin oder deinem Partner? Seid ihr füreinander da? Nehmt euch doch einmal in der Woche *bewusst* Zeit (vielleicht abwechselnd zum „tête-à-tête"), ein paar Stunden wirklich nur für euch beide „da zu sein". Erzählen, zuhören, austauschen, sich halten, kuscheln...

DIE BLAUE LAGUNE

Kennst du noch die „Blaue Lagune"? Ich meine die alte Version mit Brooke Shields und so. Ein unglaublich kitschiger, völlig unrealistischer und nahezu unerträglich romantischer Film. Trotzdem mag ich ihn. Falls du ihn nicht kennst: zwei Kinder werden mit Seemann nach Schiffunglück an einer einsamen tropischen Insel angespült und überleben wohlgemut in der „Blauen Lagune"; der Seemann stirbt, die beiden Kinder schaffen es auch allein und werden natürlich irgendwann zu jungen Menschen, die ihre gerade erwachende Lust und Liebe entdecken. Sie bekommt ein Kind (und weiß garnicht warum) und kurz vor dem tragisch-offenen Schluss beschließen sie, *nicht* mit dem gesichteten und eigentlich lang ersehnten Schiff zurück in die Zivilisation zu segeln, sondern ganz „unzivilisiert" auf der Insel zu bleiben. Das ist so etwa meine Lieblingsszene. Würde ich auch machen. Aber deswegen erwähne ich diese alte Kamelle hier nicht, es geht mir um die *Sinnlichkeit* in diesem Film; und um die „Blaue Lagune", die diese ganz besonders möglich macht. Die Darstellung der Zärtlichkeiten und der sexuellen Entdeckungsreise der beiden Darsteller ist wirklich nett gelungen und auch erstaunlich authentisch. Lag auch sicher an der Zeit, die waren da z.B. noch wirklich nackt; heutige ähnliche Produktionen sind viel „cooler" und künstlicher. Zurück zur Lagune: da ist überall dieses *warme Wasser!* Ein Wasserfall, ein Naturpool, der Fluss und vor allem dieses türkisblaue Meer, geschützt vor der Brandung, sanfte Wellen, kristallklares Wasser: eine „Blaue Lagune" eben. Da lässt es sich wirklich sinnlich sein. Dieses Meer, dieser Fluss, diese Natur, das *ist* schon Sinnlichkeit pur. Und dieses frei und nackt im Meer schwimmen, plantschen und tauchen, dass im Sand buddeln, reinste Lebendigkeit, einfach nur Sein. An dieses Gefühl denken sicher auch viele Hochzeitsreisende, die am Strand heiraten. Nur fehlt da eben so einiges, was die „Blaue Lagune" ausmacht. Trotzdem geht real auch so einiges: fahrt als Liebespaar doch mal wieder an ein warmes Meer, oder in einer Sommernacht an einen See oder Fluss, und lasst eurer Sinneslust freien Lauf...

/ Heilige Berührung

SALBT EUCH DIE FÜSSE

Grad merke ich, in ganz eigenem „liebevollem Gewahrsein", wie relativ schwer es mir fällt, über das Thema Lust, Liebe und Sinnlichkeit zwischen Mann und Frau zu schreiben. Zumindest so „öffentlich". Das ist schon eigenartig: in unserer doch sehr „sexualisierten" Gesellschaft, in der die härtesten Pornos frei zugänglich sind und sexuelle Inhalte uns in Werbung und Medien nahezu aufgedrängt werden, ist das private Sprechen (oder Schreiben) über erotische Inhalte noch immer irgendwie tabuisiert. Natürlich gibt es Bücher von Sexualtherapeuten oder Tantralehrern, die „Klartext" reden. Und niemand wird dafür mehr gesteinigt, aber... Ja, was ist das eigentlich, was uns da so zögern lässt? Eine Art von Scham, von Peinlichkeit. Dabei *tun* wir es doch alle. Sonst gäbe es keine Kinder auf der Welt und die Menschen wären schon lange ausgestorben. Aber darüber *reden*? Nicht mal Freunde reden über Sex und Lust. Würdest du deine beste Freundin fragen, ob sie einen Vibrator hat oder welche Methoden der Selbstbefriedigung sie anwendet (auch so ein bescheuertes Wort)? Oder deinen Kumpel, wie er sich beim Orgasmus eigentlich genau fühlt? Ganz bestimmt nicht. Und am erstaunlichsten: nicht mal Liebespaare sprechen über das, was sie tun. Zumindest viele nicht. Da wird dann angenommen, der andere „weiß" schon, was mir gut tun oder „merkt" ja, was mir Spaß macht. Auch wenn das garnicht so gut funktioniert: alles besser als einfach darüber sprechen. Kennen wir alle. Vielleicht hilft es da, bei den *Füßen* anzufangen! Füße tragen uns und sind eine geniale Konstruktion. Und so schön! Wir sollten unsere Füße zutiefst verehren, finde ich. Und uns einfach mal gegenseitig die Füße massieren, besser noch „salben" in einer „heiligen Andacht". Ganz ernsthaft. Das haben schon Jesus und Maria Magdalena getan. Nehmt euch wirklich Zeit füreinander und macht auch hier ein kleines Ritual daraus: mit Kerzen, warmem Öl und sanften Händen. Und *erzählt* euch, wie schön sich die Füße des anderen anfühlen oder wie gut dir das zärtliche Streicheln tut. Seid ganz offen miteinander, genießt euch und macht die Salbungen euer Füße zu einer „Heiligen Berührung".

TANTRA-MASSAGE

Ich befürchte, bei dem was ich nun beschreiben will, komme ich um ein wenig „Klartext" nicht drumrum. Aber ich habe Glück, es geht um „Tantra". Und das ist indisch, so kann ich mich ganz lässig aus dieser Wortfindungs-Affäre ziehen und einfach in Sanskrit schreiben. Die haben eh' die viel schöneren Worte und heilig sind sie noch dazu: genau, die Geschlechtsorgane. Bei *diesem* Wort vergeht einem doch schon beim Lesen die Lust, findest du nicht? Werden wir also wirklich etwas indisch und beschäftigen uns mit „Tantra". Dies bedeutet u.a. „Ursprung" und beinhaltet hinduistische und buddhistische Weisheitslehren. Was wir hier als „Tantra" kennen ist gleichsam eine Sonderform, die z.B. im tibetischen Tantra überhaupt nicht praktiziert wird. Worum es hier gehen soll ist die Variation, die das männliche und das weibliche Prinzip als die beiden Gegensätze in der Einheit sieht und daraus einen spirituell-meditativen Weg macht, der die sexuelle Begegnung zwischen Mann und Frau nicht nur einschließt, sondern auch „heiligt". Das finde ich sehr, sehr schön. Und das gab es bei uns auch mal, dazu mehr bei „Gott und Göttin". Zum Einstig möchte ich euch wärmstens eine Tantra-Massage empfehlen. Es gibt Kurse, Bücher und sehr ansprechende DVDs. Ihr könnt natürlich auch einfach loslegen und selbst experimentieren. Das besondere an einer Tantra-Massage ist, dass sie erstens in einem meditativen und „heiligen" Raum erfolgt und zweitens unsere intimen Körperteile mit einbezieht. Die „Yoni" repräsentiert die Göttin Shakti, der „Lingam" den Gott Shiva. Daher wird diese Art der Körperberührung auch Yoni- oder Lingam-Massage genannt. Auch wenn hier natürlich mit der Sexualkraft, welches ja unsere Lebenskraft ist, gearbeitet wird, geht es nicht um Erregung im üblichen Sinne. Dafür um Wertschätzung und Liebe, um Hingabe und Vertrauen, um berühren und berührt werden in wahrhaft „liebevollem Gewahrsein". Versucht es einfach mal: macht etwas Körperöl und das Zimmer schön warm, entzündet ein paar Kerzen und lasst euch viel, viel Zeit. Es gibt nichts zu erreichen, nur zu spüren und zu sein. Ihr seid heilige Wesen!

HEILIGE BEZIEHUNGEN

Ein paar Kapitel zuvor, habe ich euch etwas pathetisch gebeten, eure Beziehungen zu „Heilenden Beziehungen" zu machen. Und nun komme ich mit „*Heiligen* Beziehungen" daher. Aber auch das *meine* ich so. Und auch wenn die heutigen Inder oft das Gegenteil von ihrer uralten Weisheit leben, von genau dieser können wir so einiges lernen. Sogar vom Kamasutra, indem es ja wirklich hauptsächlich um die abenteuerlichsten Sexstellungen geht. Aber eben auf einer *Basis*, die wir in unserer „entheiligten" Kultur oft einfach ignorieren: erotische Liebe als Weg zur *Transformierung* der Sexualkraft und Lebensenergie in feinstoffliche, spirituelle Energien. Darum geht es ja auch in besagter Form des Tantra oder in der Liebeslehre des Daoismus. In unserem Kulturkreis sind diese praktischen Weisheitslehren schon so lange „verschüttet" bzw. waren in dieser Form wahrscheinlich nie so weit entwickelt worden, dass ein bisschen „Anleihe" durchaus legitim ist, finde ich. Gerade die körperliche Intimität zwischen Mann und Frau birgt so ein schönes Potential zur Selbstentfaltung, zu wirklich „heiliger" Begegnung und wahrer Transformation! Es gehört ein wenig Umdenken dazu, den Mut, auch Neues zu wagen, miteinander zu sprechen und sich gleichsam in eine ganz „andere Welt" zu begeben, als die uns bekannte. Ein kleines Beispiel: in der tantrischen Begegnung geht es nicht um Erregung, Spannungsaufbau und „Entladung", es geht mehr um den Energie*fluss* und einen orgastischen *Zustand*, was gerade dem weiblichem Erleben mehr entspricht. Was *wir* leben ist oft eine recht „männliche" Art von Sexualität. Wenn es dich interessiert, kann ich dir die Bücher zu Tantra von Diana Richardson allesamt sehr ans Herz legen; und die schreibt nicht in Sanskrit. Und wenn ihr selbst einfach mal etwas ausprobieren wollt: nach tantrischer Lehre verläuft bei der Vereinigung von Mann und Frau (besonders bei der garnicht so langweiligen „Missionarsstellung") ein Energiekreislauf vom Lingam in der Yoni der Frau hoch zu ihrem Herzen, rüber zu seinem Herzen, runter zum Lingam und so weiter. Wenn ihr euch das nächste Mal vereinigt, probiert das mal aus. Ist toll!

GÖTTIN UND GOTT

Wie schon angedeutet, gab es auch bei uns in Europa mal ganz andere Zeiten. Nicht so ausgeklügelte Systeme wie in Asien, aber durchaus eine „Reise" wert, eine Zeitreise. Im sogenannten heidnischen Europa (und fast überall auf der Welt, weil es wohl einfach der menschlichen Natur entspricht) gab es schon seit Urzeiten heilige Rituale, die sehr viel mit Sinnlichkeit und sexueller Vereinigung zu tun hatten. Da ging es garnicht so um „spirituelle Transformation", sondern um ganz erdgebundene Fruchtbarkeitsfeste, Göttinnenverehrung oder ganz einfach um das Feiern des lebendigen Seins und der puren Lebensfreude! Die Feste und Rituale waren in vorgeschichtlicher Zeit, z.B. bei den Kelten, logischerweise an die natürlichen Zyklen der Jahreszeiten und Himmelskörper gebunden, und „Kalender" sahen eher so aus wie „Stonehenge". Die wichtigsten Feste im Jahreskreis waren die vier Sonnenfeste (die Winter- und die Sommersonnenwende und die beiden Tag-und-Nacht-gleichen im März und September) und die vier Mondfeste, die später einfach auf den jeweiligen ersten des „Mondes" gelegt wurden. Die Kirche hat davon vieles für sich beansprucht, aber auch „moderne" Feste wie Halloween basieren darauf. So auch der Maifeiertag, heute der erste Mai, früher Mai-Vollmond. Dies war bei den Kelten eines der wichtigsten und heiligsten Feste des Jahres: „Beltaine". Da wurde dem „Wonnemonat" so richtig die Ehre erwiesen und das Leben in seiner Fruchtbarkeit und Kraft mit allen Sinnen und ziemlich „unkeusch" gefeiert. Hast du dir einen Maibaum schon mal genau angeschaut? Der lange Pfahl und oben die „Krone", eine Art Reifen. Ein Stab, der einen Kreis durchdringt: ein uraltes Symbol für die lebensschenkende Vereinigung von Gott und Göttin; auf Erden gefeiert durch die sogenannte „Heilige Hochzeit", die Vereinigung von Mann und Frau. Auch wir haben dieses archaische Wissen noch in uns. Und die tiefe Sehnsucht nach dem Puls der puren Lebendigkeit, nach Verschmelzung und Ektase, nach Einheit mit dem ganzen Sein. Lasst uns als Mann und Frau hinausgehen in die Natur und uns mit dem Leben vereinen, als heiliger Akt, als Gott und Göttin.

MITEINANDER

Kommunikation

SPRECHEN UND ZUHÖREN

In Plumvillage, dem Zentrum von Thich Nhat Hanh, habe ich die buddhistischen Gebote der „liebevollen Rede" und des „tiefen Zuhörens" sehr ergreifend und freudvoll erfahren dürfen. Eigentlich sollte es ja ganz normal sein, dass wir achtsam zuhören und miteinander sprechen. Das ist es aber in unserer Gesellschaft nicht: wir fallen dem anderen ins Wort oder denken schon an das, was wir sagen wollen, während der andere noch redet. Oder wir sind gleich garnicht bei der Sache und denken an alles Mögliche, hören aber nicht wirklich zu. Oder wir bewerten und kritisieren innerlich das von der anderen Gesagte. Wie auch immer: wir hören *nicht* „tief zu". Und auch von „liebevoller Rede" kann ja bei uns meist kaum die Rede sein: wir machen uns gegenseitig Vorwürfe ohne den anderen überhaupt ganz verstanden zu haben. Oder uns selbst. Wir reden oft viel zu viel und völlig unbewusst daher. Und kreisen die ganze Zeit irgendwie nur um unser kleines „Ich". Von wegen Empathie und Mitgefühl. Aber genau darum sollte es ja gehen in unserer Kommunikation - mit anderen und mit uns selbst! Tiefes Zuhören, liebevolle Rede. Das war's schon.

Es gibt wundervolle Hilfsmittel, um das mit der „liebevollen Kommunikation" (so fasse ich das einfach mal zusammen) zu üben: vielleicht kennst du den „Talking Stick", also Redestab, der von den Prärie-Indianern zu uns kam und der in einer Gruppe von Hand zu Hand geht und nur derjenige spricht, der diesen Stab in der Hand hält; der Rest tut nicht nichts, der Rest *hört zu*.

Eine Zeitbegrenzung für den Sprecher kann auch nett sein, evtl. mit einem Gong als Zeichen für den Wechsel. Oder du schreibst einfach mal alle Adjektive auf, die dein Gegenüber so sagt. Dann umgekehrt. Ihr werdet erstaunt sein, was da heraus kommt. Und super hilfreich: zieht euch nach einem Gespräch einfach jeder für sich zurück und versucht euch *wirklich* in die Lage des anderen hineinzuversetzen. In aller Konsequenz. Auch da werdet ihr erstaunt sein. Und *echtes* Verstehen wird geboren...

TÊTE-À-TÊTE II

Im Kapitel „Liebe und Heilung" ging es schon mal um das wöchentliche „tête-à-tête" von Aries und Pierre, die es in Findhorn (einer spirituellen Gemeinschaft in Schottland) kennengelernt und für sich selbst erweitert haben. Das „tête-à-tête" kann natürlich auch einmalig bei Konflikten angewendet werden oder als eine Arte der „Familienkonferenz" oder ganz allgemein in der Kommunikation zwischen Menschen.

Es gibt vier „Runden" in diesem intensiven Austausch. Zunächst erzählen sich beide Gesprächspartner nacheinander, was es Erfreuliches und Positives zu sagen gibt: Was war in der letzten Woche besonders schön? Worüber habe ich mich bei dir gefreut? Was hat mir gut getan als du es gesagt hast?... In der zweiten Runde kommen die eher schwierigen, konfliktreichen Dinge zur Sprache: Was hat mich verletzt? Was macht mir noch ein komisches Gefühl im Magen? Welche Worte von dir haben mich irgendwie irritiert oder geärgert? Was belastet mich?

Die Erweiterung von Aries und Pierre ist die dritte Runde und ich finde sie ganz besonders wichtig: in dieser erzählen sich beide in einer Art Zusammenfassung, wie sie den anderen *verstanden* haben. Da kommen oft die erstaunlichsten Erkenntnisse heraus: vielleicht wurden meine Worte total anders interpretiert als ich gedacht habe, oder das Gegenteil: ich bin erfreut und gerührt, wie *sehr* mich mein Gegenüber verstanden und *gesehen* hat. In dieser Runde kann besonders viel passieren: Verständnis und Klärung, ganz unerwartete Einsichten in sich und den anderen und, besonders schön: vertiefte Liebe und Verbundenheit.

In der vierten und letzten Runde geht es dann um Lösungen. Um das praktische Umsetzen des Besprochenen. Wo kann ich mich ein wenig ändern oder behutsamer sein? Wo kann der andere sich mehr öffnen oder ehrlicher sein? Wie können wir gemeinsam an etwas arbeiten und noch mehr Liebe leben?

Habt den Mut für ein wahrhaftiges „tête-à-tête", ihr Lieben!

AM BACH

Eine andere kommunikative und heilsame „Übung" habe ich in meiner Ausbildung in Naturtherapie im wunderschönen Allgäu kennengelernt. Du brauchst dafür einen Freund oder Partner und am besten einen ruhigen Platz in der Natur. Ihr werdet euch nacheinander gegenseitig begleiten und danach ganz sicher mehr über euch und eure jeweilige „Sicht der Dinge" wissen. Die Übung ist ganz besonders erkenntnisreich für professionelle Begleiter wie Psychotherapeuten, aber auch für die eigene Selbstentdeckung und den Umgang mit anderen. Also, es geht so: Zunächst entscheidet ihr euch, wer zuerst die Begleiterin ist und wer der Begleitete. Letzterer bekommt sanft ein Tuch um Augen und Kopf gebunden, das angenehm passt, aber kein Licht und keine Sicht mehr einlässt. Der Begleitete ist ab nun der freiwillig „Blinde". Ab hier erzähle ich nun einfach, wie ich diese Übung erlebt habe. Und ihr macht dann eure ganz eigene Variation daraus. In dieser Übung ist es sowohl spannend, der Blinde zu sein, als auch der Sehende. Ich war zuerst die Begleiterin. Es ging die Wiese hinunter bis zum Bach. Ganz langsam und achtsam, der andere war ja blind. Und ich habe ihn wirklich nur begleitet, nicht geführt. Das ist ein großer Unterschied! Da sein, aber nicht eingreifen, der andere schafft das schon allein, auch wenn er blind ist. Und dann wollte dieser am Bach auf einen flachen Baum klettern! Oh, mensch, ab wo muss ich eingreifen, wo soll ich ihm vertrauen? Er sagte mir, ich solle ihn einfach lassen. Das fiel mir schwer, war aber sehr gut für mich: ich bin *nicht* verantwortlich für den anderen! Wir setzten uns an den Bach und ich erzählte meinem blinden Freund, was ich sah. Die Blumen, das Wasser, die Umgebung. Dann nahmen wir ihm das Tuch ab und er konnte selbst sehen, wo er war. Was für eine *andere Vorstellung* er hatte durch meine Worte! Weil wir alle alles anders *sehen*! Und interpretieren. Wir tauschten dann die Rollen und es war wieder spannend: ich erkannte zutiefst, dass wir alle ganz *eigene* Welten sind und uns unterstützen können, aber nichts für den anderen übernehmen. Auch nicht für einen „Blinden".

DAS WERTEQUADRAT

Das „Wertequadrat" kenne ich von einer anderen Ausbildung, der Gesprächs- und Focusingtherapie. Es ist eine ganz einfache Aufstellung unserer Bewertungen und hat mir in so manchen Konflikten geholfen, mehr Klarheit (zumindest für mich selbst) zu finden. Das Wertequadrat besteht aus vier Adjektiven, die zwei *gegenteilige* Eigenschaften beschreiben und das jeweils in ihrer positiven und negativen *Bewertung*. Alles klar? Ein schönes Beispiel sind die Bewertungen zum Umgang mit materiellem oder auch emotionalem Geben und Nehmen:

       großzügig   sparsam

   verschwenderisch   geizig

Das ist ja erstmal nicht sehr spannend. Das wird es aber, wenn wir mit anderen Menschen zu tun haben, diese bewerten und sich daraus gern Konfliktstoff ergibt und so mancher Streit.

Wenn wir selbst eher sparsam sind, sehen wir bei uns genau diese Seite. Wir wissen eben, wie mensch mit Geld umgehen sollte. Ist unser Gegenüber aber ein wenig großzügiger mit seinen Ausgaben, bewerten wir bei diesem den *unteren* Bereich des Quadrats, also das „Übertriebene" und damit Negative dieser Eigenschaft: der andere ist einfach total verschwenderisch! Und genau dieser (sich selbst als großzügig empfindende) findet uns nicht sparsam, sondern geizig. Wir sehen also beim anderen, der *anders* ist als wir, immer die *negative* Seite dieser Andersartigkeit. Faszinierend, oder?!

Dabei könnten wir selbst von der *positiven* Seite der *anderen* Eigenschaft oft durchaus etwas gebrauchen! Der Sparsame ein wenig mehr Großzügigkeit; die Zurückhaltende (nicht „Schwache") mehr Selbstbehauptung (nicht „Egoismus").

Achte mal drauf, wenn du das nächste Mal denkst: „Ist die…"

Kooperation

GEMEINSCHAFT

Heute bin ich irgendwie traurig. Ich sehne mich zutiefst nach Gemeinschaft. Nach liebevoller und freudvoller Gemeinschaft mit Menschen, die so ähnlich „ticken" wie ich. Zusammen leben, jeder und jede ganz individuell: ob in Jurten, Baum- oder Holzhäusern, ob allein oder mit Partner oder polyamoren Liebesfreundschaften; ob Veganer, Vegetarier oder Karnivor; ob Buddhist, Advaitist oder Schamane... Authentische Menschen, die zusammen Spaß haben wollen, aber auch hart arbeiten können, wenn es wichtig ist. Die sich helfen auf ihrem jeweiligen Weg der Heilung und Bewusstwerdung und im Umgang mit dieser oft so destruktiven Welt. Die neue Lebenskonzepte erforschen und leben wollen und sich mit anderen Kulturen und Projekten austauschen. Menschen, die mit Kindern ein gleichwertiges Kollektiv bilden wollen sowie mit Tieren, Pflanzen und der Natur, die wir ja alle sind. Harmonie. Liebe, Freiheit und Lebensfreude. Herausfordernd, aber möglich.

Das wünschen sich sehr viele Menschen. Und es gibt natürlich auch Gemeinschaften, die vieles davon leben. Aber ich habe für mich noch keine finden können, die *wirklich* auf Liebe und Bewusstheit basiert. Die schönste Erfahrung in einer Lebens-Gemeinschaft habe ich bisher in „Plum Village" gemacht. Das ist das buddhistische „Zentrum für die Praxis der Achtsamkeit" von Zen-Meister Thich Nhat Hanh in der Nähe von Bordeaux. Dort habe ich vor einigen Jahren den ersten Retreat „Happy Farming" erleben dürfen. Wirklich *dürfen*! Das war eine der schönsten Wochen meines Lebens. Wundervolle Menschen aus der ganzen Welt. Und einen so liebevollen, achtsamen und tiefgehenden Heilungsraum habe ich noch nirgendwo erlebt. Ein Teil von mir wollte gleich da bleiben. Aber für mich persönlich gibt es einen großen „Haken", Plum Village ist ein Kloster...

Einen Besuch oder eine längere Auszeit dort kann ich dir nur wärmstens empfehlen. Plum Village ist eine wundervolle Oase, die auch mir Mut gibt für meine Vision einer liebevollen Welt.

DER HUND

Manchmal ist es nicht leicht in Frankreich zu leben, besonders nicht in der Jagdsaison. Im ländlichen Frankreich ist das Jagen eine Art Volkssport, sagen wir Männersport. Fast jeder hat eine Knarre, und es darf fröhlich rumgeballert werden. Manchmal werden auch schon vor der Jagd ein paar Schnäpschen getrunken. Echt. Garnicht fröhlich ist das für das Wild. Und für die Jagdhunde, in Frankreich betreibt man Hetzjagd. Und die Hunde werden gehalten und behandelt wie Dreck. Grad heute Morgen hat ein total süßer Jagdhund zutiefst mein Herz berührt: er hatte sich nach der Jagd verlaufen und war die ganze Nacht unterwegs gewesen, total mager und, was für mich am schlimmsten ist: extrem unterwürfig und voller Angst geschlagen zu werden. Ich habe schon oft geweint, wenn ich gesehen habe, wie Hunde hier teilweise gehalten werden: an kurzer Kette, in ihrem eigenen Dreck, vernachlässigt und misshandelt. Irgendwie wird die Art und Weise, mit eigenen Tieren umzugehen in Richtung Süden immer schlimmer. Dafür habe ich echt noch keine Erklärung gefunden. Im Norden sind wir dafür noch effizienter grausam mit „unseren Nutztieren". Nur: das sieht ja keiner. Und niemand *will* es sehen. Mensch will sich ja nicht den Appetit verderben. Das alles ist vor allem Verdrängung und Unbewusstheit. Aber wie kann ich mit „meinem" Tier so desinteressiert und brutal umgehen? Wie ist das möglich? Ich habe vielleicht etwas zu viel Mitgefühl, aber wie kann ein Mensch *keins* haben? Wir werden als Liebeswesen geboren, offen und voller Vertrauen. Alle. Also ist bei einem Menschen, der seinen Hund nicht lieben kann, ihn aber benutzt und misshandelt, etwas gewaltig schiefgegangen. Einfach gesagt: *er* wurde nicht geliebt, dafür aber benutzt und misshandelt. Natürlich in anderer Form und oft auch „nur" psychisch, aber genauso zerstörerisch. Und natürlich spielt da noch vieles andere mit rein: unsere Überzeugungen, die Gesellschaft und Religion, die Zugehörigkeit und Anpassung an die Gruppe (z.B. der Jäger, der Männer). Wie können wir diesen Kreis durchbrechen? Wie Mitgefühl entwickeln und Liebe?

ES GEHT AUCH ANDERS

Kooperation mit Tieren und überhaupt allen Wesen kann auch so schön sein! Wenn sie in Liebe und Achtung geschieht und mit Respekt vor den Bedürfnissen und auch der Andersartigkeit des Gegenübers. Durch meine Erfahrungen in der Landwirtschaft habe ich begriffen, dass kommerzielle Haltung von Tieren *immer* Ausbeutung bedeutet. Ausbeutung der Tiere und oft auch der Menschen, die sie halten, besonders z.B. in kleinen Bio-Betrieben. Meine Lieblinge sind Ziegen: um genügend Milch für die Käseproduktion zu haben, müssen die Kitze viel zu früh von der Mutter getrennt werden und bekommen dann nur noch kleine Anteile davon oder Ersatzmilch. Wenn du mal dreißig süße Zicklein tagelang nach ihren Müttern hast schreien hören, findest du das garnicht mehr „nett". So ähnlich mit Bienen. Denen wird gleich der *ganze* Honig (ihr Wintervorrat!) geklaut und durch Zuckerwasser ersetzt. Kein Wunder, dass die alle sterben! In China werden Obstbäume schon per Hand bestäubt.

Aber, wie gesagt, es geht auch anders: ein schönes Beispiel sind bzw. waren Nomadenvölker in der Mongolei. Dort hat jede Gruppe einige Tiere und mit diesen wird *geteilt*: hat ein Yak ein Junges, wird dieses natürlich bei der Mutter gelassen. Gemolken wird sie nur wenig, so dass genug für *alle* da ist! Und das Yak hat ja auch was davon: Schutz, neue Weidegründe etc. Diese Praxis ist bei uns natürlich nicht ganz nachzumachen und passt null in unser Wirtschaftssystem, aber im Prinzip geht da die Reise hin: echte Kooperation und gleichwertiger Austausch.

Nochmal Bienen. Wo du auch lebst, du kannst Bienen halten, und das in schönster Kooperation! Immer mehr Menschen halten Bienen auch in der Stadt. In kleinen Bienenstöcken, die den fleißigen Pollensammlern ein schönes zu Hause bieten. Und du kannst dir dann, als „Miete" gleichsam, im Spätsommer einen kleinen Teil des Honigs nehmen, nur so viel, dass die Bienen noch genug für den Winter haben. Und genug, dass du den besten Honig deines Lebens genießen kannst!

SCHENKEN

Was würde ich dafür geben, in einer Kultur des Schenkens zu leben! Leider leben wir aber nicht in einer Kultur des Gebens, sondern des Nehmens. Wir *sind* Nehmer. Jedenfalls wurden wir *dazu gemacht*; durch unsere Erziehung, die Schule und unsere „soziale" Gesellschafts- und Wirtschaftsform. Schenken als selbstverständlicher Teil des Miteinanders ist bei uns schon *sehr* lange her. Und auch kaum nachvollziehbar, da wir vieles aus der vorgeschichtlichen Vergangenheit einfach nicht sicher wissen. Und das, schriftlich Überlieferte wurde in der Regel von den schon erwähnten „Siegern" geschrieben, die nur deswegen siegreich waren, weil sie sich einfach *nahmen*, was sie wollten. So wie auch alle sogenannten Hochkulturen „Nehmer-Gesellschaften" waren, die ihr eigenes Volk, alle anderen und natürlich auch die Natur rücksichtslos ausgebeutet haben. Von den friedlicheren „Schenkern" ist nicht mehr viel übrig. Trotzdem können wir noch von diesen lernen: z.B. aus der Vorgeschichte oder von real existierenden Naturvölkern. In den nächsten Jahren möchte ich gern ein „Potlatch" in Kanada besuchen, ein traditionelles, indianisches Fest. Potlatch bedeutet „Fest des Schenkens" und genau das ist es: in rituellem Rahmen werden Geschenke ausgetauscht und die Ehre gebührt dem, der am großzügigsten *gibt*. Diese alte Tradition war ernsthaft staatlich verboten, wird nun aber wieder neu belebt. Von südamerikanischen Stämmen kenne ich die Tradition, dass jemand, der viel hat (z.B. jemand, der Erfolg im Gartenbau, im Handel oder bei der Jagd hatte) ein großes Fest für das ganze Dorf ausrichtet. Danach ist er wieder wie alle anderen...

Für uns ist es auch Zeit für eine neue Schenkungskultur, findest du nicht? Wir könnten doch diese unermessliche Fülle, die das Leben ist, einfach *teilen*! Und wir können gleich bei uns selbst anfangen: veranstalten wir doch einfach mal einen „Potlatch" in unserem Bekanntenkreis! Und da wir ja in der Regel schon alles *haben*, können wir auch Gartenarbeit verschenken oder eine wohltuende Massage. Wie findest du die Idee?

Kinder

GANZ FRÜHER...

... in unserem Leben waren wir alle mal Säuglinge. Klar. Noch früher haben unsere Eltern uns gezeugt, wir waren im Bauch unserer Mutter und sind geboren worden. Wenn wir großes Glück hatten, verlief das alles gut und wir wurden sogar gestillt. Wenn wir riesiges Glück hatten, wurden wir auch noch rumgetragen, gehalten und berührt. Und natürlich geliebt.

Und wenn das alles nicht so optimal verlief, wie bei den meisten von uns? Was bedeutet das für uns selbst und für den Umgang mit Kindern, besonders den „eigenen" Kindern?

Dazu möchte ich ein paar Gedanken reflektieren und für mich wichtige Literatur vorstellen. Vieles, was wir selbst erlebt oder auch nicht bekommen haben, geben wir - natürlich meist unbewusst - an die nächste Generation weiter: in der Familie, der Schule, in unserem ganzen „Erziehungssystem".

Diesem Themen widme ich einen wesentlichen Anteil meines nächsten Buches. Darin geht es um eine neue, liebevollere Kultur. Und der Schlüssel zu einer solchen liegt aus meiner Sicht genau da: in Bewusstsein und Heilung für uns selbst und in geliebten, genährten und „freien" Kindern. Von Anfang an.

Eine kleine „Übung" zuvor. Nur für dich. Gebe dir genug Raum und Zeit für dich selbst. Mache es dir auf dem Sofa gemütlich, oder in der freien Natur. In der Badewanne ist auch ganz toll. Und nun versetzte dich selbst zurück in deine ureigenen Anfänge. Stelle dir vor, wie deine Eltern dich gezeugt haben, wie du von der Befruchtung an wächst und vom Embryo zum Menschlein wirst, wie du in der Fruchtblase schwimmst und von deiner Mutter genährt wirst; du bei der Geburt durchschlüpfst und das erste Mal das Licht der Welt erblickst, gehalten wirst und in Liebe willkommen geheißen. Und auch wenn bei dir vielleicht nicht alles so harmonisch ablief, gönne dir heute einfach mal, es dir „schön zu denken". Tauche dich selbst in Liebe, Licht und pure Freude am Geschenk deines Lebens!

„KINDER-BÜCHER"

Gerald Hüther, Inge Krens: Das Geheimnis der ersten neun Monate. Unsere frühesten Prägungen, Beltz, 2011

Jean Liedloff: Auf der Suche nach dem verlorenen Glück. Gegen die Zerstörung unserer Glücksfähigkeit in der frühen Kindheit, C.H. Beck, 1992

Michel Odent: Die Wurzeln der Liebe. Wie unsere wichtigste Emotion entsteht, Walter, 2001

Michel Odent: Geburt und Stillen. Über die Natur elementarer Erfahrungen, C. H. Beck, 2006

Eva Hermann: Vom Glück des Stillens. Körpernähe und Zärtlichkeit zwischen Mutter und Kind, Hoffmann und Campe, 2003

Hubertus von Schoenebeck: Kinder der Morgenröte. Unterstützen statt erziehen, BoD, 2004

Herbert Renz-Polster, Gerald Hüther: Wie Kinder heute wachsen. Natur als Entwicklungsraum. Ein neuer Blick auf das kindliche Lernen, Fühlen und Denken, Beltz, 2013

Gerald Hüther, Uli Hauser: Jedes Kind ist hochbegabt. Die angeborenen Talente unserer Kinder und was wir aus ihnen machen, Knaus, 2012

André Stern: ... und ich war nie in der Schule. Geschichte eines glücklichen Kindes, 2009

Sigrid Chamberlain: Adolf Hitler, die deutsche Mutter und ihr erstes Kind. Über zwei NS-Erziehungsbücher, Psychosozial, 2010

Erik H. Erikson: Kindheit und Gesellschaft, Klett, 1971

WAS IST EIGENTLICH...

... ein Kind? Was ein „Erwachsener"? Und was macht den Unterschied aus? Und was in aller Welt gibt den Erwachsenen das Recht, über die Kinder zu bestimmen als wären sie ihr Eigentum... und unfähig zur Selbstbestimmung noch dazu?

Eines meiner wesentlichen Vorhaben für die nächsten Jahre ist das Reisen zu Kulturen, die ihre Kinder garnicht erst „Kinder" nennen (was hier übrigens auch mal so war). Und sie behandeln wie gleichwertige Menschen, die nur weniger Erfahrung haben, weniger Körperkraft etc., dafür umso mehr Lebendigkeit, Entdeckerlust und Tatendrang. Und durchaus Verantwortung für sich selbst übernehmen können. In diesen Kulturen sind die „kleinen Menschen" schon sehr früh selbständig, kompetent... und noch voller Lebensfreude.

Es gibt indigene Völker, da haben die Kinder und Jugendlichen eigene Häuser, wo sie (völlig unbelastet von elterlichem Zugriff) ganz frei ihre Zärtlichkeit und erwachende Sinnlichkeit entdecken können. Und überhaupt sehr vieles miteinander regeln, ganz ohne Erwachsene. Da gibt es sowas wie „Pubertät" oder unsoziales Verhalten überhaupt nicht.

Bei uns ist es so sehr „normal", über Kinder zu bestimmen und die „elterliche Gewalt" über sie zu haben, dass es fast niemandem bewusst ist. Und auch wenn Kinder heute meistens nicht mehr geschlagen werden, ist die psychische und auch ganz praktische Machtausübung der Eltern, der Lehrer, der ganzen „Erziehung" aus meiner Sicht schlicht gewalttätig.

Spüre mal hinein und erinnere dich: wie hast du dich gefühlt, wenn deine Eltern dich behandelt haben wie ein „Kind"? Wie fühlst du dich, wenn *du* einen jungen Menschen so behandelst? Fühlst du dich berechtigt oder sogar in der *Verantwortung* für sie oder ihn zu entscheiden oder zu bestimmen? Woher kommt dieses Gefühl? Kannst du einem Kind in Augenhöhe begegnen? Kannst du dir selbst in Augenhöhe begegnen?

WURZELN UND FLÜGEL

Oft zitiert wird der schöne Spruch, dass Eltern ihren Kindern „Wurzeln und Flügel" geben sollen. Das hat mich immer sehr berührt. Gerade auch da ich meinte, von diesen beiden nicht genug bekommen zu haben. Was ja auf fast jeden in unserer Gesellschaft zutrifft. Wir haben wirklich zu wenig „Wurzeln": also Erdung, innere Heimat, Stabilität, Stärke, Urvertrauen, Verbindung zur Natur, zu uns selbst und zum ganzen Sein. Und wir haben zu wenig „Flügel": zu wenig Freiheit, Kreativität, Spontanität, Abenteuerlust, Freude, Begeisterung und Liebe.

Von all' diesen wundervollen Dingen können die meisten von uns sehr viel mehr gebrauchen. Und der Mangel daran liegt auch wirklich in der Kindheit. Aber *bekommen* wir das wirklich alles von unseren Eltern? Oder wäre es ganz natürlich, dass wir erst Wurzeln ausbilden und dann Flügel, weil das von der Natur genauso vorgesehen ist? Und wir als Menschen nur Unterstützung und ganzheitliche Nahrung brauchen, um das in uns Angelegte zu entwickeln und zu leben?

In deinem Garten „gibst" du der Sonnenblume auch weder ihre Wurzeln noch die strahlende Kraft der Blütenblätter oder die Ausbildung der leckeren Samen. *Nichts* davon machst *du*. Was du machst, ist die Pflanze an einem sonnigen Standort zu säen, sie mit guter Erde und etwas biologischen Kompost zu nähren und sie bei Trockenheit mit reichlich Wasser zu versorgen. Du nährst, förderst und beschützt. Alles andere macht sie selbst. Und erfreut dich mit ihrer ganz individuellen Schönheit.

Wir alle wurden zu wenig genährt, gefördert und beschützt. Dafür wurden wir uns selbst entfremdet und einer Autorität unterworfen, die nicht unsere eigene ist. Arno Gruen nennt das „Der Verrat am Selbst". Das ist niemandes Schuld, unsere ganze Kultur basiert darauf. Wir werden wie „Bonsais" klein gehalten: reduzierte Wurzeln, gekappte Äste. Was wäre, wenn wir alle „groß" wären, authentisch und voller Kraft und Liebe?

Pflanzen und Tiere

PFLANZENWESEN

Vor einigen Jahren habe ich einen kleinen Artikel über Peter Wohllebens Buch „Das geheime Leben der Bäume. Was sie fühlen, wie sie kommunizieren" gelesen. Die Autorin des Artikels schrieb ganz aus dem Herzen, dass sie garnicht genau weiß, ob sie dieses neue Wissen über Bäume nun erfreut oder nicht, da sie sich garnicht mehr traut, diese so zu behandeln wie sie es bisher getan hat. Wie kann ich noch einen Baum fällen oder seine Äste beschneiden, wenn ich weiß was für ein komplexes und fühlendes Wesen er ist? Ich finde das sehr bezeichnend für unsere Gesellschaft: lieber nicht wissen, nicht hinschauen, damit alles bleiben kann, wie es ist. Aber ich finde es auch sehr verständlich: wo ist die Grenze, wo kann und muss ich anderen Lebewesen weh tun oder sie sogar töten, damit ich leben kann? Und da denke ich auch an so manchen Veganer, der behauptet, sich nicht schuldig zu machen, da er keine tierischen Produkte konsumiert. Was wir mit Tieren machen ist so schrecklich, dass wir alle den ganzen Tag weinen müssten, wenn wir uns das *wirklich* bewusst machen würden. Das muss aufhören, klar. Aber wir können uns nicht, *nicht* schuldig machen. Leben bedeutet Aufbau und auch Zerstörung. Wenn wir uns nur einmal kurz hinsetzen, haben wir Millionen von Mikroorganismen getötet. Wenn wir einen Salat „köpfen", tun wir ihm auch weh und beenden sein Leben. Natürlich hat ein Salat ein anderes Bewusstsein als ein Huhn oder eine Kuh. Aber *wissen* wir das so genau? Von Bäumen wissen wir nun, dass sie sehr wohl Bewusstsein haben und sogar sozial sind... Es gab mal einen Zen-Tischler im alten Japan, der hat nur die Bäume gefällt, die *gern* ein Tisch oder ein Schrank werden wollten. Das kann ja auch eine schöne Aufgabe sein, für die es sich zu Sterben lohnt. Aber wenn kein Baum Lust aufs „Möbeln" hat...

Alle Wesen wollen leben. Und das geht nicht. Was also tun?

Liebe zu allen Wesen. Und zu uns selbst. Respekt. Kooperation. Mitgefühl. Toleranz. Und immer wieder... Bewusstsein.

SCHNECKEN

Nein, hier geht es nicht um Schneckenbekämpfung, hier geht es um Schnecken-*Bewunderung*! Wie alle Wesen in dieser Welt voller Wunder sind auch Schnecken einzigartige Lebensformen und genial in ihrer Art zu überleben und sich zu schützen. Und sie sind *schön*! Naja, Nacktschnecken sind nicht so meins, aber auch die... hast du jemals eine Nacktschnecke aus der Nähe angeschaut? Hast du gesehen, welch interessante Farben sie haben... rotbraun, grau, manchmal getigert und wie schön sie glänzen? Wie speziell ihr Körper aussieht und wie eigenartig sie sich bewegen? Wie schnell (ja, schnell!) sie reagieren können, wenn etwas sie berührt? Viele Menschen ekeln sich vor Schnecken und sehen sie nur als „Feinde" in ihrem Garten. Sie können auch zur echten Plage werden, klar. Aber gibt dies uns das Recht, diese wunderbaren Tiere einfach zu ertränken, zu vergiften oder gar zu zerschneiden? Ich dachte bis vor kurzem, ich wäre recht „nett" zu den Schnecken, weil ich sie „nur" etwas weiter weg geworfen habe. Kaum zu glauben, wie unbewusst mensch manchmal sein kann. Ich musste erst das Buch mit dem schönen Titel „Heute schon eine Schnecke geküsst?" lesen, um zu erkennen, was ich da tue und wie es einer Schnecke wohl geht, wenn sie Meter weit durch die Luft fliegt und dann ganz sicher nicht weich landet. Das ist doch brutal. Ich war regelrecht erschrocken über mich selbst, bin ich doch sonst ein sehr empathischer Mensch. Und werfe natürlich keine Schnecken mehr durch die Gegend. Ich spreche nun mit ihnen. Und ich bewundere sie. Ganz besonders die mit Haus. Diese geniale Konstruktion! Harte Schale und weicher „Kern", die Schnecke kann sich in sich selbst zurückziehen. Wer kann das schon? Und außer jemand trampelt drauf, ist sie da auch gut geschützt. Einfach toll. Und wie unendlich schön ist ein Schneckenhaus! Diese runde Spiralform, die Farben und zarten Linien, dieses fragile und gleichzeitig harte Material, welches die Schnecke selbst produziert und dafür nur kalkreiche Nahrung braucht. Mach' du *das* Mal nach. Lasst uns lernen, Schnecken und alles was lebt zu *sehen*, zu respektieren. Und zu lieben.

DAS WEISSE PFERD

Vor einiger Zeit hatte ich eine eigenartige Begegnung mit einem weißen Pferd. Es stand irgendwie majestätisch auf seiner Koppel nahe dem Waldweg, den ich entlang ging. Normalerweise waren da andere Pferde, nun ein braunes und dieser schöne Schimmel. Ich rede gern mit Tieren, aber eher so „Hallo Pferd, alles klar?". Nix Tiefgehendes. Als ich vorbei war und weiter durch die schöne Landschaft wanderte, wieherte das weiße Pferd, laut, fast schon rufend. Ich drehte mich um und sehe das Pferd am Ende der Weide zu mir hingewandt und mich regelrecht fixierend. Beim Weitergehen, das Gleiche. Ich bleibe stehen, wende mich nun richtig dem Pferd zu und frage es ganz ernsthaft, ob und was es mir sagen will. Natürlich nur in Gedanken. Die Augen des Pferdes sind unverwandt auf mich gerichtet, es fühlt sich ganz eigenartig an, als wenn da eine Kraft wäre, die ich noch nicht kenne. Verschiedene Gedanken huschen durch meinen Kopf, eigenartige Gedanken, Antworten auf Fragen, die ich garnicht gestellt habe. Kommen die vom Pferd? Oder *durch* das Pferd? Sozusagen von höherem Selbst zu höherem Selbst (an das ich garnicht so glaube, aber mensch muss ja irgendwelche Worte benutzen)? Ich weiß es bis heute nicht. Auch nicht, ob ich die „Antworten" ernstnehmen soll. Als ich außer Sichtweite des Pferdes bin, wiehert es nochmal laut und ich gehe die paar Schritte zurück. Wir schauen uns an und ich verabschiede mich. Ich habe es nie wieder gesehen.

Hier in den Pyrenäen habe ich viele Begegnungen mit wilden Tieren. Manche sehe ich nur kurz, wie Wildschweine, Rehe und Füchse. Aber manche Begegnungen sind auch sehr „intensiv". Wie letztens mit einem Adler, der direkt neben dem Weg saß und völlig sorglos mit mir Gedanken-plauderte. Das war so ähnlich wie mit dem weißen Pferd... Oder mit „Wolf", dem Pyrenäenberghund: letztens schaute ich ihm tief in die Augen und erklärte ihm (rein gedanklich), dass ich bald für lange Zeit weg muss, aber immer wieder kommen werde. Danach war er den ganzen Tag mies drauf. Hatte er mich verstanden?

RESPEKT

Kennst du den deutschen Film „Emmas Glück"? Darin ist Emma Jungbäuerin in Schwierigkeiten, es gibt eine Liebesgeschichte und einiges mehr. Vor allem aber züchtet Emma Schweine und schlachtet sie selbst, passender: sie beendet das Leben eines Schweines liebevoll. Wirklich. Schau' es dir mal an.

Das ist eines der wenigen Beispiele für respektvollen, fast gleichwertigen Umgang mit einem „Nutztier", das ich aus neuerer Zeit und unserem Kulturkreis kenne. Auch bei uns wurden Tiere einmal als gleichwertig betrachtet oder sogar verehrt. Es gab heilige Haine und Gespräche mit Naturgeistern und sowohl tierische als auch pflanzliche Nahrung wurde in Dankbarkeit gewürdigt und als Kostbarkeit gesegnet. Das ist aber *sehr* lange her. Und wir haben es fast vergessen.

Am ehesten findet mensch diese respektvolle Haltung noch bei indigenen Völkern in verschiedenen Teilen der Welt. Leider waren „wir" schon fast überall und haben mit Feuereifer alles zerstört, was nach Gleichwertigkeit und Mensch-Natur-Einheit aussah, da *unser* kulturelles Credo und göttlicher Auftrag ja ganz ernsthaft heißt: „Macht euch die Erde untertan".

Aber wir können noch immer von diesen anderen Systemen lernen: von Menschen, die Wildtiere als „Brüder und Schwestern" sehen und sie gleichzeitig jagen und als Nahrung verwenden; von Nomadenvölkern in der Mongolei, die ihre Toten den Wölfen als Mahlzeit „schenken"; von mexikanischen Schamanen, die mit den Pflanzen reden; von indianischen Frauen, die friedlich mit Bären Beeren teilen; von Völkern, die aus Dankbarkeit für das Geschenk der Nahrung kleine Teile davon den Göttern oder den Naturwesen opfern…

Und „hier und heute": in Island wird im Straßenbau Rücksicht auf Naturgeister genommen. Entweder wird die Strecke geändert oder gewartet bis alle umgezogen sind. Ob mensch nun an Feen & Co. glaubt oder nicht: *das* nenne ich Respekt!

Kultur und Gesellschaft

UNSERE KULTUR ...

... basiert auf Angst. Das ist jedenfalls meine Ansicht und auch ganz reale Wahrnehmung. Angst auf Grund von Trennung. Trennung von uns selbst und allem anderen. Wir haben meist keine „Religio" mehr, keine Rückbindung an Natur und Sein. Stämme und Großfamilien sind ausgestorben, die Kleinfamilie funktioniert auch irgendwie nicht. Vor allem aber ist wirklich jeder Mensch in unserer Kultur „seelisch behindert" aufgrund psychischer Traumatisierung in der Kindheit. Das Wort Trauma ist hier etwas überspitzt gewählt, aber dennoch wahr. Und natürlich kommt das, was uns in der Kindheit wiederfahren ist ja nicht von „bösen Eltern", sondern ja auch aus unserer Kultur, die diese Eltern zu dem gemacht hat, was sie sind. Und so geht es immer weiter, wenn der Kreis nicht durchbrochen wird. Aber dazu mal an anderer Stelle. Hier geht es mir um unsere Kultur, warum sie so produktiv und „fortschrittlich" ist und gleichzeitig so destruktiv und selbstvernichtend. Ein Teil unserer technologischen und kulturellen Entwicklung in den letzten Jahrtausenden basiert ja auf ganz komplexen Veränderungen wie der „landwirtschaftliche Revolution" und dem Aufkommen monotheistischer Religionen, dem düsterem Mittelalter, dann der „Aufklärung" und Wissenschaft, darauf die industrielle, dann die digitale Revolution. Und natürlich ist da auch des Menschen Kreativität, seine Schaffenskraft und Entdeckerlust etc. Aus meiner Sicht gibt es aber noch einen ganz wesentlichen Aspekt, der nicht so oft beleuchtet wird: ich denke, dass unsere tiefe und kollektive „seelische Behinderung" und die damit einhergehende Unbewusstheit und Verdrängung sehr zu unserer heutigen Kultur beiträgt. Im Guten wie im Schlechten. Wie viele Menschen mussten „Großes" leisten, da sie sich tief innen klein und ungeliebt fühlen? Welcher psychisch wirklich gesunde Mensch würde sich in eine ungeliebte Arbeit pressen lassen oder gar in einen Krieg? Und könnte ein bewusster Mensch, der als Kind zutiefst geliebt wurde, andere Menschen versklaven oder ausbeuten? Ich denke nicht. Und glaube an Liebe und Bewusstsein als Grundlagen einer „Neuen Kultur".

POLITIK

Politik ist etwas, was mich schon lange kaum mehr interessiert.

So wie die Politik heute (fast weltweit) agiert, kann garnichts wirklich Konstruktives daraus entstehen. Es geht nur um Macht- und Interessenverteilung. Vor Jahren habe ich ein Buch gelesen mit dem Titel „Politik des Herzens". Der Inhalt des Buches ist sehr gut und wichtig, aber aus meiner Sicht sind die beiden Worte ein Widerspruch in sich. Wenn Politik von Herzen käme, wäre sie keine Politik mehr wie wir sie kennen.

Aber natürlich stecken hinter jeder politischen Rede oder Tat *Menschen*. Menschen mit Herz. Wirklich? Männer und Frauen, die in der Politik „nach oben" kommen, sind meist solche, die den Kontakt zu Ihrem Herzen verloren haben. Das haben wir fast alle, aber in der politischen Welt ist dies ganz besonders verbreitet. Und wie soll ein Mensch, der den Kontakt zu sich selbst verloren hat, andere wahrnehmen können? Oder sich wirklich dessen bewusst sein, was er oder sie tut?

Stelle dir mal eine Welt vor, in der die politischen „Lenker" der Gesellschaft danach ausgewählt werden, ob sie besonders empathisch sind, kompetent, sozial, gar liebevoll! Eine kleine Insel in der Südsee habe ich gefunden, wo Politik genauso funktioniert. Da muss ich mal hin. Vielleicht ist sie ja doch möglich, die „Politik des Herzens"...

Um ganz klein zu beginnen, habe ich eine Idee: wenn du das nächste Mal einem Politiker begegnest (oder auch extra dafür sorgst), frage sie oder ihn doch einfach mal ganz liebevoll und aus ehrlichem Interesse: „Wie geht es Ihnen? Wie *fühlen* Sie sich?". Du wirst diese Frau oder diesen Mann total aus dem Konzept bringen und verunsichern. Aber es könnte der Anfang sein für ein ganz bisschen mehr Gewahrsein und Liebe in der (politischen) Welt. Und auch für ein völliges neu darüber nachdenken, ob unser politisches System etwas ist, was wir auf Dauer akzeptieren und unterstützen wollen.

SELBSTVERANTWORTUNG

Wusstest du, dass die Schulen in Deutschland den sogenannten Erziehungsauftrag haben, uns zu „mündigen Bürgern" zu machen? Laut Duden bedeutet das: „als erwachsener Mensch zu eigenem Urteil und selbstständiger Entscheidung befähigt sein". Tolle Sache. Ich hatte das Glück an einem Hamburger Gymnasium zu sein, wo zumindest im Deutschunterricht etwas davon durchsickerte. Aber ansonsten war da nicht viel. Aus meiner Sicht fördern unsere Schulen oft das totale Gegenteil. Ist ja auch ganz logisch: wir sollen hart arbeitende und reichlich konsumierende „Schafe" sein, die nicht zu sehr aufbegehren und es toll finden, wenn sie sich jedes Jahr ein neues iPad kaufen können. Und wir werden durch die Medien manipuliert. Dazu werden Gesetze erlassen, die es „Alternativen" immer schwerer machen, z.B. werden für Heilpflanzenpräparate Testverfahren verlangt, die so teuer sind, dass sich das nur sehr große Firmen leisten können etc. Die meisten von uns haben keine Ahnung, was da wirklich abläuft. Oder verdrängen es. Dann schläft mensch auch besser. Und ich rede hier nicht von irgendwelchen „Verschwörungstheorien", sondern vom ganz normalen Wahnsinn unseres Gesellschafts- und Wirtschaftssystems.

Aber es gibt auch etwas richtig Gutes an unserem System: wir haben Meinungsfreiheit und können tun, was wir wollen, zumindest als Erwachsene. Wir können bewusst entscheiden, was wir konsumieren und was nicht. Wir können uns informieren und austauschen. Wir können uns zusammentun und z.B. landwirtschaftliche und soziale Solidargemeinschaften bilden. Wir können unsere Heilpflanzen selbst anbauen oder bei einem lokalen Anbieter kaufen und der Medizinindustrie größtenteils entgehen, indem wir uns gut um uns selbst kümmern. Wir können den Fernseher einfach verschenken und die Zeit sinnvoller nutzen. Wir können mündige Bürger *sein* und die volle Verantwortung für uns selbst übernehmen.

Ist doch ganz leicht. Warum tun wir es dann nicht einfach?

WANDEL

Unsere Gesellschaft ist im Wandel. Aber was bedeutet das? Wenn mensch so hinschaut in die Welt, wird doch alles nur schlimmer: mehr Katastrophen, mehr Kriege, immer noch mehr rücksichtsloseste Ausbeutung von Menschen, Tieren und Natur. Immer effizientere Technologie zur Gewinnmaximierung auf Kosten von allem anderen und für eine Handvoll Profiteure. Und auch im „Kleinen" wird vieles immer *noch* destruktiver, was oft noch schlimmere Auswirkungen hat. Als Beispiel die so wichtige „Geburt des Menschen". Genau dort und in der ersten Lebensphase werden wir für den Rest unseres Leben geprägt: hier entstehen sie, die „Wurzeln der Liebe": Urvertrauen, Lebensmut, Beziehungsfähigkeit und wahre Selbstsicherheit. Oder eben auch nicht. Wenn die tiefe, stabile Verbindung und körperlich-seelische Nähe zwischen Mutter und Kind nicht am Anfang unseres Lebens als erste „Liebesbeziehung" gegeben ist (mit einer möglichst natürlichen Geburt, getragen und gestillt werden etc.), dann kommen allein dadurch schon „seelisch Behinderte" dabei heraus. Und was machen die Menschen heute? Es gilt als total hip, kurz nach der Geburt wieder zu arbeiten, als Frau auch „ihren Mann zu stehen"; Eva Herman wurde nach ihrem tollen Buch über das Stillen von den Medien in der Luft zerrissen. In manchen Ländern „lassen" ein Großteil der Frauen per Kaiserschnitt gebären, da das schneller geht und bequemer ist. Und die Krankenhäuser machen auch gleich mehr Gewinn. Das macht mich alles total wütend. Welch' ein Wahnsinn überall. Ja, es wird alles schlimmer. Wirklich alles?

Nicht *alles*: Es gibt viele, viele Menschen auf der Welt, die anders denken und die anders leben wollen oder es auch schon tun. Die wunderschöne Bücher schreiben oder auch ganz praktische Anleitungen zu einem nachhaltigen Lebensstil oder zur sanften Geburt oder friedvoller Kommunikation. Und es gibt wundervolle Projekte, die Hoffnung auf eine „Neue Welt" machen. Der Film „Tomorrow" zeigt ebensolche auf der ganzen Welt und gibt Mut, dass ein positiver Wandel möglich ist.

MENSCH · NATUR · SEIN

Sinne

SEHEN

Unsere Augen sind die reinsten Wunderwerke, überhaupt unser ganzes „optisches System". Hast du dich jemals damit beschäftigt? Klar, wir haben das alles mal in der Schule gelernt, aber diese verpasst meist, uns die größeren Zusammenhänge beizubringen oder die *Wunder* des Lebens. Im Gegenteil, sie „entzaubert" alles und reduziert es auf seine Funktionalität. Aber auch die ist schon unglaublich: unsere Augen, die in sich selbst schon so komplex sind (und nebenbei auch noch einzigartig bei jedem Lebewesen und wunderschön), geben ein auf dem Kopf stehendes, seitenverkehrtes Bild an unser Gehirn weiter. Schon im Auge voranalysiert wird es dort optisch angepasst und „interpretiert". Unsere Rezeptoren sind genau für das Lichtspektrum empfindlich, das für unsere Spezies am nützlichsten ist und wir haben zwei Augen um dreidimensional sehen zu können. Einfach toll. Und unsere Augen sind anpassungsfähig, wie alle unsere Sinne. Naturvölker haben z.B. meist „bessere" Augen, sie sehen schärfer auf längere Distanz und können in der Dunkelheit erstaunlich gut sehen. Die lernen das auch von Kindheit an, aber auch wir können unsere Augen trainieren: kennst du noch „Nachtwanderungen"? Das haben wir als Kinder manchmal gemacht. Ist aber auch jetzt noch spannend: im Wald einfach mal bei Dunkelheit gehen und die Taschenlampe ausgeschaltet lassen. Du wirst erstaunt sein, wie deine Augen sich anpassen und wieviel du sehen kannst. Und wenn Vollmond ist, siehst du sowieso fast alles, nur in ganz anderem Licht. Ist spannend, gönn' dir dieses Erlebnis! Oder auch zu Hause: lass' mal das Licht aus und versuche dich einfach so zum Badezimmer zu tasten. Und bevor du die nächste Brillenstärke brauchst (wozu Brillen ja unweigerlich führen, da sie den Augen die Arbeit abnehmen), trainiere ein wenig mit der „Rasterbrille". Sieht bescheuert aus, hilft aber. Und gönne deinen Augen auch mal richtige Erholung, grad nach langer Bildschirmarbeit oder Fernsehen. Ein Spazierganz in der Natur, deine warmen Hände oder ein Augen-Kräuterkissen als Auflage. Erfreue dich am Sehen und danke deinen wundervollen Augen!

HÖREN

Auch unser Hörorgan, die Ohren, sind das reinste Wunder. Alles ist so fein abgestimmt und perfekt auf unser Leben in dieser Welt angepasst. Was wir hören sind Schwingungen in der Luft oder anderen Elementen. Auch hier geht es um Frequenzen, und um Schalldruck. Ich war schon immer fasziniert von diesem so „ungreifbaren" und doch so wesentlichem System: ein paar Schallwellen in der Luft und wir können miteinander sprechen und uns verstehen; wir können Mozart hören oder Heavy Metall; wir vernehmen das Gezwitscher der Vögel oder im Urlaub das Rauschen des Meeres... Wieviel „ärmer" wäre unser Leben ohne das Hören!? Natürlich müssen wir auch viel Lärm ertragen: Baustellen- oder Straßenlärm, Laubbläser und Rasenmäher, Flugzeuge und Düsenjäger, die Schallmauern durchbrechen. Ist dir aufgefallen, das *Lärm* fast ausschließlich in unserer „zivilisierten" Welt mit ihrer Technisierung und Beschleunigung vorkommt? In der Natur gibt es manchmal auch sehr laute Ereignisse, wie z.B. Donner oder ein Vulkanausbruch. Vom Hurrikan in Dominica wurde mir erzählt, was für eine brutale Kraft und auch Lautstärke dieser hatte. Aber das sind absolute Ausnahmen. Bin ich sonst dort in der Natur, höre ich nichts außer dem sanften Wind, die Vögel, nachts auch Frösche und Eidechsen, das Plätschern des Baches... und Autos von Weitem; fast nirgendwo ist mensch wirklich sicher vor der modernen Welt. Deswegen lebe ich unter anderem so weit weg von allem. Wenn ich dann in die Stadt komme, kann ich es kaum glauben, wie Menschen in diesem Lärm leben können. Und gewöhne mich dann nach und nach wieder daran. Unser Gehirn ist auch hier gut im „Wegfiltern", aber für unser System ist und bleibt Lärm Stress. Ein kleines Experiment für dich: versuche in der nächsten Zeit mal, wirklich *bewusst* zu hören: deine Umgebung, die Autos, die Geräusche in deinem Garten oder im Wald, die Stimme deiner Freundin oder deine eigene, die einzelnen Tonspuren deines Lieblingsliedes, die Regelmäßigkeit deines Herzschlags, den Gesang einer Amsel am Morgen... Hören zu können ist so ein wundervolles Geschenk! Genieße es!

RIECHEN

Eine meiner eindrücklichsten „Riech-Erfahrungen" machte ich während meiner schon erwähnten Ausbildung in Naturtherapie: wir sollten einzeln hinauszugehen und am Beispiel des Riechens unsere phänomenologische Wahrnehmung schulen. Dieses komplizierte Wort (griech. „phainomenon": das Erscheinende) meint etwas ganz Einfaches: die *direkte* Wahrnehmung dessen, was ist. Und dies *ist* in der Tat nicht so einfach, wie es sich nun anhört. Also zurück zum Riech-Experiment: wir streunten nun also durch Wald und Wiese und „rochen" was das Zeug hält, Schnuppern an Blumen, Nase in den Wind halten, den Duft des Kuhstalls gleichsam einsaugen... und dann trafen wir uns wieder in der Gruppe und jeder durfte von seinen Geruchs-Erlebnissen berichten. Auftrag war es, genau *das* zu beschreiben, was wir gerochen haben, ohne Interpretationen oder Analysen, einfach nur die sinnliche Wahrnehmung durch unsere Nase, eben phänomenologisch. Und es war fast unmöglich! Schönes Beispiel Kuhstall: eine Kollegin erzählte ganz begeistert von dem Geruch nach Mist, Milch und Kuhausdünstungen. Sie hatte das Gefühl, genau das zu berichten, was sie direkt erlebt und gerochen hatte. Und unser Kursleiter saß ganz ruhig da und sagte ihr, dass sie nicht darüber sprach, was sie wahrgenommen hatte, sondern ihre Interpretation dessen wiedergab. Die Dame wurde richtig sauer, weil sie nicht wusste, was sie „falsch" machte. Direkter ging es doch garnicht! Oh, doch, es geht. Die wirklichen „Phänomene", die sie (und wir alle) gerochen hatten, lagen nämlich noch eine Schicht tiefer: wir hatten z.B. etwas „Saures" gerochen, oder etwas Scharfes oder auch Süßliches in unserer Nase gespürt, vielleicht auch eine kühle Brise oder etwas, was sich schwer und voll anfühlt... Wir hatten echt Probleme auszudrücken, was wir wirklich wahrgenommen haben. Aber irgendwann hatten es alle kapiert: das, was wir zu riechen meinten, waren alles *Interpretationen* des Gerochenen. *Richtige* Interpretationen, wir *wissen* ja alle, wie Kuhmist riecht, aber nicht die *unmittelbare* Wahrnehmung. Versuche es mal und „rieche phänomenologisch". Es ist eine Herausforderung!

SCHMECKEN

Beim Schmecken fällt uns die unmittelbare Wahrnehmung schon etwas leichter, vielleicht weil hier der Kontakt direkter ist, die Haut, die Zunge und die Geschmacksknospen berührt werden, noch bevor das Hirn sich interpretativ einschleicht. Auch bekommt hier der Genuss und auch die Lust am Geschmack mehr Raum, und beides ist mehr „Fühlen" als Denken. Da kommt mir ein nettes Buch in den Sinn (*noch* eine Bedeutung des Wortes!): „Das Paradies, der Geschmack und die Vernunft. Eine Geschichte der Genussmittel." Dieses Buch war einer der Auslöser für mich, mit dem Rauchen aufzuhören. Aber zurück zum Schmecken: beim Essen und Trinken erlauben wir uns noch am ehesten, unsere Sinnlichkeit zu leben. Aber auch hier sind wir oft nicht wirklich gewahr, *was* wir denn genau schmecken: klar, wir essen gerade einen leckeren Lebkuchen, Weihnachten naht. So viel zum „Wissen". Aber was schmecken wir denn genau? Oh ja, da sind Gewürze, Nüsse und Schokolade. Schon besser... und ganz und gar „phänomenal"? Versuche mal bei einem Lebkuchen, oder was auch immer du magst, wirklich nur die Geschmacksrichtungen selbst zu schmecken, ohne die Erkenntnis ihrer „Verursacher": schmeckst du etwas Scharfes, Saures, Bitteres... ist da etwas Salziges dabei oder etwas Süßes? Heutzutage ist vieles extrem süß, Limonade, Schokolade etc. Diese Intensität gibt uns so ein lustvolles Prickeln auf der Zunge, so eine Art „Geschmackshöhepunkt" im Mund. Das bleibt auch etwa so beim Verzehr von Honig oder Vollrohrzucker. Aber hast du mal weißen, raffinierten Zucker pur gegessen, in größeren Mengen und ganz bewusst? Das macht echt keinen Spaß, der schmeckt für sich genommen total ätzend, fast wie eine Art Gift, was er ja faktisch auch ist. Probiere' das mal aus und deine Einstellung zu Zucker wird sich total verändern. Aber unser Essverhalten hat ja nur teilweise mit dem zu tun, was gut für uns ist. Über den Geschmack und den damit verbundenen Genuss kompensieren wir vieles andere, was uns im sonstigen Leben fehlt. Aber was wir relativ leicht ändern können ist *Bewusstheit* beim Schmecken: Essen und Trinken in liebevollem Gewahrsein.

Spüren

SINN UND SINNLICHKEIT

„Sinn und Sinnlichkeit" ist ein Spielfilm, den ich sehr mag. Er spielt um 1800 in England und basiert auf der klassischen Novelle „Sense and Sensibility" von Jane Austen. Der Buchtitel wird interessanterweise mit „Verstand und Gefühl" übersetzt. Beide Übersetzungen sind korrekt und passen auch zum Inhalt, aber welch' ein Unterschied in der Bedeutung! Und mir ist zum ersten Mal so richtig klar geworden, dass die beiden ersten Worte auf unseren „Sinnen", also unserer physiologischen Wahrnehmung basieren. Bei „Sinnlichkeit" geht das ja noch klar, dazu gleich. Aber der „Sinn"? Der Sinn einer Tätigkeit oder gar unseres Lebens? Interessant. Die Etymologie ist eine spannende Sache. Aber hier geht es ja ums „Spüren", um unseren 5. Sinn, den Tastsinn; also die berührende Wahrnehmung über unsere Haut, das körperliche Fühlen. Und da wird an den Worten wieder so deutlich, wie nah Körper und Psyche beieinander liegen oder eher ineinander „verwoben" sind: wir fühlen eine Berührung auf der Haut, und wir fühlen uns heute nicht so gut; ich habe den Schmerz gefühlt und nach meinem Gefühl ist etwas stimmig; „Wie fühlst du dich?" meint die Seele, „Hast du das gefühlt?" den Körper. Vielleicht ist der Tastsinn daher mein liebster Sinn (obwohl ich ohne die anderen auch nicht leben möchte): er ist, wie das Schmecken, ein „Nahsinn", erlaubt uns also das direkte, körperliche Erleben des Wahrgenommenen. Was ich sehe, rieche oder höre, kann weit weg sein. Was ich aber auf der Zunge spüre, oder auf meiner Haut, das fühle ich *an* meinem Körper, es *berührt* mich im wahrsten Sinne des Wortes. Das ist für mich echte Sinnlichkeit: besonders lustvoll natürlich zwischen Mann und Frau, aber auch wunderschön oder gar heilsam im täglichen Erleben: kühlendes Wasser auf meiner Haut, das Streicheln einer Katze durch ihr sanftes Fell, meine eigenen, warmen Hände zum Einschlafen auf meinem Bauch, die herbstlichen Sonnenstrahlen, die meine Haut sanft streicheln, die zarte Hand eines Kindes in meiner Hand. Vielleicht lieben wir so sehr Schokolade, da wir uns selbst von unserer wahren Sinnlichkeit getrennt haben. Macht das Sinn?

BARFUSS

In unserer „zivilisierten" Welt trennen wir uns fast systematisch von allem Lebendigen, Sinnlichen und „Erdhaften". Warum eigentlich? Alles muss „hygienisch rein" sein und Badezimmer weiß glänzen; unsere Räume erhellen sich in künstlichem Licht und sind klimatisiert, wir fahren im beheizten Auto zur Arbeit statt die kühle Frische der Winterluft zu genießen; wir sitzen oder schlafen nicht mehr auf dem Boden, sondern erhöht auf Stühlen oder Betten; wir graben nicht mehr selbst in der Erde unseres Gartens, sondern kaufen unseren Salat oder Smoothie sauber und frisch verpackt im Supermarkt. Wir berühren uns gegenseitig nur, wenn wir auch ordentlich gewaschen sind und am besten noch „gut" nach Parfum oder Seife riechen; wir halten die Natur mehr und mehr für eine „gefährliche" Sache, die uns beim Kräutersammeln üble Zecken beschert; und wir tragen Schuhe. Schuhe, die nicht an unsere Anatomie angepasst sind und uns von der Erde und deren Lebenskraft abschneiden. Vielleicht fühlen sich auch deswegen viele Menschen in ihrem Urlaub am Meer so wohl: sie fühlen endlich mal die Elemente, die Sonne auf der Haut, das warme Meer, die eigene, sich (ganz unzivilisiert) bräunende Haut, die unendliche Weite von Meer und Himmel... und die Erde unter ihren Füßen. Am Strand geht mensch nämlich *barfuß*, und bekommt ganz nebenbei noch eine natürliche Fußreflexzonentherapie dazu!

Probiere es doch hier und jetzt einfach mal aus und gehe barfuß. Lasse deine Hausschuhe stehen und laufe barfuß oder wenigstens nur in Socken durch die Wohnung. Springe im Winter einfach mal barfuß durch den Schnee und wärme deine Füße danach an Ofen oder Heizung. Und gehe im Sommer ganze Strecken barfuß, besonders in der Natur. Deine Füße brauchen natürlich eine gewisse Gewöhnung, sogar Bären müssen ihre Füße nach dem Winterschlaf erstmal wieder „fit" kriegen! Gehe ganz bewusst und vorsichtig, z.B. auf weichem Waldboden. Deine Füße, die dich tragen, werden ihre neue Freiheit und den lang ersehnten Erdkontakt total genießen! Lebendigkeit pur!

SCHMERZ

Körperliche Schmerzen kennen wir alle. Manchmal sind es nur leichte Kopfschmerzen oder der lokale Schmerz einer kleinen Wunde. Manchmal sind die Schmerzen auch fast unerträglich und „beherrschen" einen so stark, dass mensch z.B. bei einem Hexenschuss kaum mehr bewegungsfähig ist oder so schlimme Zahnschmerzen hat, dass „jetzt einfach sterben" als die leichtere Alternative erscheint. Oder chronische Schmerzen, die immer da sind und einen nach und nach zermürben.

Schmerzen gehören zum Leben. Psychische Schmerzen sind eher „hausgemacht", oft nicht von uns selbst, dafür von Eltern, Schule, Gesellschaft, Mitmenschen. Körperliche Schmerzen sind dagegen etwas, was uns einfach „passiert": eine Krankheit, ein Unfall, ein entzündeter Zahn. Wirklich? Anteilig ist das natürlich wahr: unser Körper ist zwar genial in seinem Aufbau und in seiner - meist bestens ablaufenden - Funktionalität, aber er ist auch anfällig und verletzbar. Und unser Körper verändert sich im Laufe unseres Lebens. Trotz all' dem hat unsere Lebensführung einen großen Einfluss auf unseren körperlichen Zustand. Als kleines Beispiel Dominica: hier wurden viele Menschen bis vor kurzem noch über 120 Jahre alt und werkelten bis fast zum Schluss in ihrem Garten. Echt! Und nun, mit der „modernen" Lebensweise leiden und sterben viele schon früh an Diabetes und anderen Krankheiten, die es vorher erst garnicht gab. Dazu haben Krankheit und Schmerz ja auch viel mit unserer Psyche zu tun, sowohl als *Auslöser* als auch als *Auswirkung*. Wenn du chronische Schmerzen hast oder gerade in akuten drinsteckst (und dich natürlich dafür um eine Lösung kümmerst), stelle dir einfach, ganz liebevoll und wertschätzend, folgende Fragen: was habe ich selbst zu dieser körperlichen Situation beigetragen, z.B. eine Überlastung? Was kann ich ändern? Was wollen mir diese Schmerzen „sagen"? Habe ich etwas ignoriert oder nicht sehen wollen? Was tut mir so weh? Und wozu führt all' das? Bekomme ich mehr Aufmerksamkeit oder kann mich besser zurückziehen? Gehe tief, wirklich tief hinein... und umarme deinen Schmerz.

DER SECHSTE SINN

Der sogenannte 6. Sinn ist in seiner Existenz umstritten und wird grad von klassischen Wissenschaftlern gern ins Reich der Märchen verband. Dabei kennen wir diesen Sinn doch alle aus ganz praktischer Erfahrung: da fühlt mensch etwas „im Rücken", dreht sich um und, siehe da, es schaut einen jemand intensiv an. Ein Blick kann uns nicht berühren, oder doch? Oder wir haben eine plötzliche Intuition, doch etwas anders zu machen, obwohl wir uns unserer Entscheidung sicher waren. Wir rennen doch nicht noch schnell über die Ampel, sondern bleiben stehen, rein aus einer Art Instinkt heraus. Was spüren wir da, woher kommt dieses diffuse Gefühl? Aus meiner Sicht gibt es da zunächst eine ganz pragmatische Erklärung: unsere Sinne nehmen tagtäglich so viele Eindrücke auf, dass wir all' die Informationen garnicht verarbeiten können, zumindest nicht bewusst. Deswegen ist unser Gehirn so nett und nimmt uns einen Großteil der Arbeit schon mal ab: auf Basis bisheriger Erfahrungen sortiert es aus, was unwichtig scheint, weil bekannt; z.B. „siehst" du den Briefkasten an der Ecke nicht jedes Mal, sondern „ignorierst" seine Anwesenheit bis du einen Brief dabei hast und dieses gelbe Ding wirklich brauchst. Auch Hintergrundgeräusche filtert das Hirn für uns meist weg, damit wir uns trotz des Lärms auf der Straße noch gepflegt unterhalten können. Wir nehmen faktisch nur wenige Prozent vom sinnlich Wahrgenommenen und Verarbeiteten auch *bewusst* wahr. Und wenn unser 6. Sinn uns etwas fühlen oder tun lässt, kann das ganz einfach aus einer Wahrnehmung kommen, die unser System zwar hatte, die aber nicht in unser Bewusstsein vordrang. Aber da ist dann noch das mit dem Blick von hinten, den wir spüren. Da können unsere „normalen" Sinne nicht mit. Auch Ahnungen und Intuitionen lassen sich mit unserer „Schulweisheit" nicht erklären, dafür vielleicht mit Quantenphysik oder „Morphischen Feldern" (nach Rupert Sheldrake: spannend!). Mir persönlich sind rationale Erklärungen garnicht mehr so wichtig. Ich folge mehr und mehr meiner Intuition und „weiß" zutiefst, dass ich auf sie bauen kann. Vertraust *du* deiner Intuition und deinem sechsten Sinn?

Elemente

LUFT

Wusstest du, dass die sauerstoffreiche Atmosphäre der Erde, also auch die Luft, die wir atmen, anteilig von Mikroorganismen erzeugt wurde? Das ist doch unglaublich: „primitive" Einzeller, die wir mit bloßem Auge nicht mal wahrnehmen können, weil sie so extrem winzig sind, haben so etwas Gigantisches wie die Atmosphäre miterschaffen! Am Anfang war die Welt zwar nicht „wüst und leer", aber kein wirklich gemütlicher Ort: kochende Hitze, Wasserdampf und Kohlendioxid in rauen Mengen und kein, wirklich *kein* Sauerstoff. Diese Umgebung gefiel den „anaeroben" Mikroorganismen sehr gut, da sie auf Kohlendioxid als Nahrung stehen und dafür Sauerstoff *abgeben*. Genial. Und das trillionenfach und über Milliarden von Jahren hinweg, die Atmosphäre dieses Planeten ist ganz schön groß... und wir atmen ja auch ganz schön viel weg, Sauerstoff meine ich. Und wir *würdigen* garnicht die ganze Zeit, Arbeit und Komplexität, die in der Luft steckt! Dabei ist alles perfekt für uns eingerichtet: die Feuchtigkeit in der Luft ist genau im richtigen Rahmen, so auch die Temperatur, der Sauerstoffgehalt etc. Und meistens bekommen wir von der Luft garnicht so viel mit: sieht mensch ja nicht und ist auch nicht „greifbar". Außer wir bekommen keine Luft mehr... ja, dann spüren wir, wie sehr wir dieses „Nichts" brauchen. Oder wenn die Luft dynamisch wird und uns als Sturm um die Ohren bläst, Wellen auftürmt oder als Hurrikan ganze Landstriche zerstört. So etwas habe ich grad erlebt: ich war beim Hurrikan selbst nicht vor Ort, aber ich habe die Auswirkungen von „Maria" kurze Zeit später gesehen. Die kleine Insel Dominica wurde regelrecht verwüstet. Und wer einmal gesehen hat wie „Luft" Waschmaschinen kilometerweit fliegen lassen kann, Container zerquetscht, Häuser zerschreddert und ganze Wälder vernichtet, bekommt regelrecht Respekt vor dieser gewaltigen (und hier auch gewalttätigen) Naturkraft. Luft ist nicht nichts.

Vielleicht hast du Lust, dich mehr mit diesem faszinierenden Element zu beschäftigen, deine Atemluft einmal bewusst zu spüren und der Luft zu danken, dass sie dir ermöglicht zu leben.

WASSER

Wasser ist eines meiner Lieblingselemente, ganz besonders warmes Wasser. Im warmen Meer zu dümpeln ist für mich eine der schönsten und befreiendsten Erfahrungen überhaupt. Wir kommen ja auch aus dem Wasser: alles Leben entstand sowieso in diesem Element. Und wir sind in der ersten und so entscheidenden Zeit unseres Lebens Wasser-Wesen: neun Monate verbringen wir schwerelos im Fruchtwasser, gut geschützt in unserer Mutter. Und übrigens: Neugeborene können schwimmen! Babys verlernen diese Fähigkeit erst nach ein paar Monaten. Daher gibt es auch die umstittene „Wasseraffen-Theorie", die ich garnicht so abwegig finde: darin heißt es, dass wir Menschen in unserer Entwicklung eine längere Periode am oder im Wasser gelebt haben und das „durchs Wasser Waten" den aufrechten Gang beeinflusst hat. Dafür sprechen auch einige anatomische Besonderheiten des Menschen: Nacktheit, Schwimmhäute, Unterhautfettgewebe...

Ich persönlich bevorzuge ja das Leben am Meer, die Savanne ist mir einfach zu trocken, da vermisse ich das Wasser. Und Wasser ist ja nicht nur zum Plantschen oder zum „Evolutionieren" da: auch dieses Element brauchen wir zum Leben, wie die Luft zum Atmen. Gut, wir können etwas länger ohne Wasser auskommen, als ohne Luft, ein paar Tage geht schon. Aber dann ist auch Schluss. Kein Wasser, kein Leben. Und Wasser ist einfach toll: Wassermoleküle bestehen aus den Elementen Wasserstoff und Sauerstoff (H_2O); sie bilden sogenannte Cluster, die sich im Laufe der Reise des Wassers, z.B. durch die Atmosphäre, immer wieder neu verbinden und lösen. In diesen Clustern kann Wasser Moleküle binden, aber auch „Informationen", die als Signatur erhalten bleiben, obwohl das reale Element entfernt wurde. Das ist kein „Hokuspokus", das ist biophysikalische Realität. Und Wasser ist noch so viel mehr! Kennst du die Bücher von Masaru Emoto zur „Botschaft des Wassers"? Wenn nicht, schau' dir das mal an! Es wird deine Einstellung zu Wasser total verändern. Und überhaupt zu dieser Welt voller Wunder...

FEUER

Feuer liebe ich ja auch total: ich könnte stundenlang am Feuer sitzen und einfach nur in die Flammen schauen. Auch koche ich sehr gern am offenen Feuer. Zugegeben, manchmal verbrennt mensch sich die Finger oder der Rauch vernebelt einem die Sicht. Ist halt Feuer, und Feuer ist dynamisch, und heiß. Aber ein großer Topf mit Suppe auf dem Feuer... es ist als wenn sich mein System „erinnert", immerhin haben wir ja Jahrhunderttausende am Feuer gekocht. Und in vielen Teilen der Welt ist das auch noch so, z.B. in Dominica. Da gibt es zwar auch Gasherde, aber fast jeder Haushalt hat eine offene Feuerstelle, meist in einer Art Kochhütte (in Dominica regnet es viel). Dort werden die lokalen Gemüse wie Dasheen oder Yamswurzeln gekocht oder eine Brotfrucht gleich direkt ins Feuer gelegt und geröstet. Und irgendwie schmeckts vom Feuer besser... Für den „Busch" habe ich ein kleines Werkzeug zum Feuermachen besorgt, nennt sich „Light my fire". Das ist eine moderne Version des Feuersteins und macht echt Spaß: mensch braucht nur etwas Kleines, was wirklich leicht entzündbar ist, z.B. die äußerste Schicht von Birkenrinde. Wer die grad nicht zur Hand hat, kann einfach Baumwollwatte verwenden. „Light my fire" besteht aus zwei kleinen Stäben aus Feuerstahl. Die werden aufeinander geschlagen, ein starker, heller Funken entsteht, trifft auf die Watte und zack, sie brennt! Das ist fast wie ein Wunder. Und dann muss mensch natürlich Holz vorbereitet haben, was dann mit der brennenden Watte angezündet wird. Vielleicht hast du ja Lust, das mal auszuprobieren. Oder das Kochen am offenen Feuer, mehr dazu gleich in der Anregung für „Wilde Küche".

Feuer ist etwas Wundervolles, ohne Feuer hätte es kaum eine menschliche Evolution gegeben. Feuer schenkt uns Nahrung, Wärme und Geborgenheit. Und als Element kann es natürlich auch zerstörerisch wirken, z.B. als Waldbrand, dessen Asche den Boden wieder fruchtbar macht. So schließt sich der Kreis.

Wann hast *du* das letzte Mal mit Freunden am Feuer gesessen?

ERDE

Erde. Mutterboden. Mutter Erde. Als Element ist „Erde" das stabilste, vielleicht sogar elementarste von allen. Die Erde trägt uns, nährt uns und hilft uns unsere Häuser zu bauen. Ganz früher haben wir sogar *in* ihr gewohnt: in Höhlen. Die oberste Erdschicht, der Boden, ernährt Pflanzen und diese ernähren uns. Und „Boden" ist eine komplexe Sache: zunächst besteht er aus Mineralgestein, Sedimenten oder Muschelkalk von schon lange ausgetrockneten Urmeeren, sogar Sternenstaub ist wohl dabei, die Erde ist ja alt, wirklich alt. Und ziemlich „schwer", sonst gäbe es ja auch keine „Schwerkraft" oder nicht genug. Zurück zu den Bodenmineralien: die sind ganz wichtig, dienen sie doch der Ernährung von, genau (da sind sie wieder!), Mikroorganismen. Wir können Mineralien nämlich nicht direkt aufnehmen, wir brauchen sie in organischer Form. Und da arbeitet der ganze „Boden" für uns zusammen: die fleißigen (übrigens meist anaeroben) Mikroorganismen verstoffwechseln die „rohen" Mineralien soweit, dass die Pflanzen sie gut aufnehmen können. Die Wurzeln der Pflanzen kommunizieren dabei über Botenstoffe mit den Mikroorganismen und die „produzieren" dann, was gebraucht wird. Wirklich wahr. Und sie liefern nicht nur Mineralien, sondern auch andere Elemente wie z.B. Stickstoff. So gestärkt arbeiten die Pflanzen weiter an der „Bioverfügbarkeit" der für uns so wesentlichen Mineralien und Spurenelemente. Und in „richtigem" Boden tummeln sich dann noch Millionen von Kleinstlebewesen, organisches Material und natürlich Regenwürmer, die diese Organik fermentieren und damit den Boden düngen und mit ihren Gängen durchlüften. Das alles nennt mensch „Humus". Genial. Und die Basis jeglicher Ernährung *aller* Landlebewesen. Und *wir* machen den Boden systematisch kaputt. Nach wissenschaftlicher Definition ist schon 80% des Ackerbodens Wüste. *Wüste*. Tot. Die Erde nur noch Substrat für chemische Düngung und „aufgepumpte" Pflanzen. Aber es gibt sie noch, die gute Erde. Wenn du das nächste Mal im Wald bist, nimm' etwas warmen Waldboden in deine Hand, rieche ihren tiefen Duft und fühle wie Erde *lebt*!

Wildnis

ACHTSAMKEIT UND ZIVILISATION

Erst seit ich mehr in Natur und „Wildnis" lebe wird mir wirklich klar, wie sehr die fortschreitende Zivilisation uns nicht nur von Natur und Einheit trennt, sondern auch starke Auswirkungen auf Bewusstsein und Achtsamkeit hat. Und auf unser Tempo.

Grad vor ein paar Tagen ist es mir wieder aufgefallen: ich wanderte von Bouquié, meinem Domizil in den Pyrenäen (danke, Florent!) zu meiner eigenen Wiese ein paar Kilometer südlich. Zunächst auf der schmalen Asphaltstraße, das ging zügig und ich konnte sogar ein paar Voicemails abhören und Fotos der beeindruckenden Landschaft machen. Dann entschied ich mich für einen schmalen Pfad auf und entlang eines Hügelrückens. Da war nix mehr mit rumschauen oder gar Smartphone benutzen. Da musste ich auf den *Weg* achten, auf die großen Steine, den Pferdemist, die scharfen Dornen am Wegesrand. Ich *musste* aufmerksam sein, wenn ich mir nicht etwas brechen wollte. Und *stehenbleiben*, wenn ich mir etwas näher anschauen wollte. Und es ging natürlich wesentlich langsamer voran. Das ist ja eigentlich alles ganz klar und jedem bekannt. Aber mir ist es noch nie so *bewusst* gewesen, wie in diesem Moment: durch den sogenannten Fortschritt haben wir nicht nur viele „Gefahren gebannt" und Unbequemlichkeiten reduziert, wir haben uns auch für immer weniger Bewusstheit und mehr Geschwindigkeit entschieden. Was vieles effizienter macht und unser Wirtschaftssystem überhaupt erst möglich, aber gleichzeitig die Erde zerstört und uns selbst krank macht.

Auch deswegen lebe ich immer mehr in der noch vorhandenen Wildnis: grad jetzt in den Pyrenäen, bald wieder in Dominica, einer kleinen Insel in der Karibik. Hier und dort lebe ich oft weit weg von allem, in Zelt oder Holzhütte, koche am offenen Feuer und hole Wasser vom Bach (wo mensch z.B. ganz achtsam den steilen, glitschigen Hang hinab muss). Ja, das ist oft unbequem. Und anstrengend. Aber es bringt mich näher ins Leben und zu mir selbst. Und du? Hast du genug Wildnis in deinem Leben?

BÄRENSCHWESTERN

Auf meinem Schreibtisch tummeln sich diverse Tiere: Wölfe, Bären, Eichhörnchen, eine Löwin mit ihren Jungen. Ein Delphin. Ganz nebenbei: wusstest du, dass Delphine den größten Teil ihrer Zeit mit Sinnlichkeit und erotischen Spielen beschäftigt sind? Echt wahr. Du kannst das mal recherchieren. Von wegen „Überlebenskampf". Natürlich, der ist auch Realität, sogar eine durchaus brutale; und das ganz besonders durch uns Menschen. Aber „das Wilde" kann auch anders: verspielt, sorglos, frei und voller Lust. Und purer Freude am Sein.

Vor längerer Zeit habe ich mich etwas mit Schamanismus beschäftigt und dabei auch meine „Krafttiere" kennengelernt, auch die Klassiker: Wolf und Bär. Es freut mich sehr, dass es diese wunderbaren Tiere wieder in Europa gibt, so auch in meiner Herzensheimat, den Pyrenäen. Wilde Tiere haben eine Kraft und Anmut, die uns helfen kann, unsere eigene wilde Natur und Ursprünglichkeit wiederzuentdecken. Dazu müssen wir nicht in einem Rudel Wölfe leben. Wir können uns auch über unser Interesse und unsere Vorstellungskraft mit unseren Lieblingstieren verbinden. Oder in der „Anderswelt" mit ihnen kommunizieren. Alles ist verbunden. Nichts ist unmöglich.

Wenn ich gleich spazieren gehe, habe ich „Wolf" dabei, einen wunderschönen Pyrenäenberghund. Bin ich allein unterwegs, stelle ich mir oft vor, wie meine Wolfsfreunde mich begleiten, beschützen und mit ihrer Weisheit und Verspieltheit erfreuen.

Am wichtigsten für mich ist eine alte Bärenmutter, die in einer großen Höhle lebt und eine starke und liebevolle Mutter ist. Natürlich findet diese Begegnung nur in meiner Vorstellung statt, aber ich spüre sie in meinem ganzen Sein. Wenn ich mich zutiefst allein und haltlos fühle, lege ich mich auf den riesigen Bauch der Bärin und kuschle mich in das warme, braune Fell. Meine Bärenschwestern spielen in der Nähe und ich fühle mich so geliebt und geborgen wie nirgendwo sonst auf dieser Welt.

WILDE KÜCHE

Ich liebe „wilde Küche": kochen in der Natur, auf dem Feuer und mit selbst gesammelten Zutaten, also Wildpflanzen. Und was für uns „wild" ist, war für den längsten Zeitraum der Menschheitsentwicklung die einzige Ernährungsform. Natürlich plus Fleisch und Fisch, es heißt ja auch „Jäger und Sammler", wobei das Sammeln von Kräutern, Beeren, Nüssen, Wurzeln und „Kleingetier" den wohl größeren Anteil an der Nahrung ausgemacht hat. Die Landwirtschaft dagegen ist erst ein paar tausend Jahre alt, unser Ernährungsstil erst einige Jahrzehnte.

Wenn du mal an einem Fluss bist oder beim Camping erweitere dein abendliches Lagerfeuer doch mal um die „Kochfunktion": suche dir drei große Steine und platziere sie so, dass innen genug Raum für das Kochfeuer bleibt (ca. 12 cm Ø) und zwischen den Steinen so viel, dass du noch Feuerholz durchschieben kannst. Die Steine sollten gut fest stehen oder sogar ein wenig eingegraben sein und ein gemeinsames Niveau geben, sodass dein Topf gut drauf stehen kann. Als Topf kannst du jede feuerfeste Form nehmen (natürlich ohne Plastik, das schmilzt). Wegen der großen Hitze empfehlen sich Arbeitshandschuhe, die kannst du später auch für die Brennesseln gebrauchen...

Wenn du einen Grundstock an Lebensmittel dabei hast (Gewürze, Öl, evtl. Kartoffeln), kannst du jetzt ein Süppchen kochen. Am tollsten im Frühling, wenn die Wildkräuter ganz frisch sind und zudem echt gesund. Eine meiner Favoriten ist die Brennesselsuppe: super lecker! Passend dazu: Giersch, Gundermann, Knoblauchrauke, ganz früh im Jahr der Bärlauch. Alles sehr klein schneiden (zu Hause hilft ein Pürierstab) und köcheln lassen, würzen und zum Schluss ein wenig Creme Fraîche, um die „Wildheit" etwas abzurunden.

Und ergänze deinen nächsten Salat doch einfach mit ein wenig Löwenzahn und Blüten wilder Rosen oder Gänseblümchen... Ganz wichtig: nimm' *nur* Pflanzen, die du ganz *sicher* bestimmen kannst. Es gibt auch *echt* Giftiges in „Mutter Natur"!

ALLEIN IN DER NATUR...

... warst du ganz bestimmt schon öfter: beim Spazieren gehen, Wandern, im Urlaub. Ich denke bei den Worten an eine kleine „Visionssuche". Hast du mal davon gehört oder schon eine gemacht? Bei vielen Indianerstämmen Nordamerikas war die Visionssuche ein entscheidendes Übergangsritual, welches von der ganzen Gruppe begleitet, aber in wirklicher Einsamkeit nur mit und für den „Suchenden" durchlebt wurde. Einige Tage und Nächte ohne Schlaf, Fasten, oft nicht mal Wasser. Diese freiwillige Askese und das Alleinsein in der Wildnis ließ Visionen entstehen oder Begegnungen mit Geistwesen oder realen Tieren. Absicht solch' einer „Reise" war die Annäherung an sich selbst und die eigene Bestimmung. In etwas sanfterer Form werden auch hier Visionssuchen angeboten, oft in Kombination mit einer Schwitzhüttenzeremonie. Gerade wenn du dich in einer Übergangssituation befindest oder einfach tief in dein Sein eintauchen willst, kann ich beides nur empfehlen.

Aber auch 24 Stunden oder ein paar Tage „allein in der Natur", können schon sehr abenteuerlich und auch heilsam sein. Ein einsamer Bereich im Wald oder in den Bergen (und mit Unterstützung von Freunden, die wissen, wo du bist, dich aber nicht stören), ein Zelt oder besser noch ein Tarp für mehr Kontakt zur Natur; Schlafsack, Isomatte, warme Klamotten, genug zu trinken, Stirnlampe, alles zum Feuermachen, Stift und Tagebuch, vielleicht Kräuter zum Räuchern... sonst nichts.

Das hört sich erstmal nicht so abenteuerlich an, oder gar herausfordernd. Ist es aber: allein und „ungeschützt" im Wald, besonders in der Nacht... das sind wir nicht gewohnt: da sind all' die Geräusche, die Schatten, knackende Zweige... „Gibt es hier Wildschweine?" Ganz sicher, aber die mögen unseren Geruch nicht und bleiben sehr gern fern. Nicht aber unsere „inneren Dämonen"... und sei es nur bodenlose Langeweile. Was fang ich nur mit mir an, so ohne Kommunikation, ohne Ablenkung, ohne alles? Ganz allein mit mir selbst und Mutter Natur...

Sein

ICH BIN LIEBE

Liebe ist ein großes Wort. Die Liebe zwischen Mutter und Kind, Vaterlandsliebe, romantische Liebe, erotische Liebe, die Liebe, von der Jesus sprach, Platon oder Aristoteles. Es gibt die „freie Liebe", die in der Regel eine offene Sexualität meint, oder den Wunsch so vieler Menschen, nach „bedingungsloser Liebe", die sie nie genug bekommen haben; es gibt die Hoffnung auf mehr „Nächstenliebe" oder die Arbeit an der Liebe zu sich selbst. Manche halten „wahre Liebe" für unmöglich, manche die Liebe für die Grundlage des Seins. Oder für Gott. Und wie mensch das mit der Liebe auch immer „dreht und wendet", fast alle Philosophen oder Weisen dieser Welt kamen in irgendeiner Weise auf die Liebe zurück. Meditierende sprechen im „Samadhi" von der Erfahrung grenzenloser Liebe und sogar Quanten sollen „liebevoll" miteinander umgehen. Vielleicht ist das Bewusstsein, das die „Welt im Innersten zusammenhält" ja wirklich „Liebe". Können wir das wissen? Oder *glauben*? Unsere Kultur basiert auf einem bösen, strafenden Gott. Und da hat auch Jesus nicht viel ausrichten können, außerdem wurde er für seine Ketzerei ja auch gleich massakriert, wie so viele, die mehr an der Liebe orientiert waren, wie z.B. die „heidnischen" Völker, weise Frauen oder die Katharer. Die Machthierachie unserer Gesellschaft, ob politisch, religiös oder wirtschaftlich basiert auf dem *Fehlen* von Liebe und Verbundenheit und damit auf Trennung und Angst. Und es ist nicht leicht, aus diesen Bezügen und kollektiven Konditionierungen auszubrechen; besonders, wenn mensch nicht im Himalaya meditieren, sondern *in* dieser Welt mehr Liebe leben möchte. Aber wir können es versuchen. Und bei uns selbst anfangen und mit unseren „Lieben"; wir können unsere bisherigen Glaubenssysteme überdenken und neu gestalten. Wir können frei *wählen*, worauf unser Leben basieren soll: auf Angst oder auf Liebe. Das ist wahrhaftig nicht leicht und ein herausfordernder Weg. Aber er lohnt sich zutiefst, führt er doch zur Liebe zu dir selbst, zu anderen und zum Leben.

Was ist Liebe für dich? Spüre mal tief hinein in „ICH BIN LIEBE".

ICH BIN FREUDE

Ist dir schon aufgefallen, wie freudlos unsere Gesellschaft ist? Am besten kannst du das an der Werbung erkennen. Dies ist zwar ein indirekter Weg, aber einer der effektivsten, um zu erkennen, was uns am meisten „abgeht". In der Werbung lachen alle die ganze Zeit, sie *strahlen* nahezu! All' diese unendlich glücklichen Freunde, die sich ein „Küsschen" geben; diese perfekten Familien, die aktiven Senioren oder verliebten Paare, sie alle sprühen nur so vor purer Freude und reinster Lebenslust! In Dominica habe ich Freunde, die waren noch wie von ihrer Insel weg. Die kennen die Welt vor allem aus dem Fernsehen. Und da gibt es ja Filme, die Nachrichten etc., die einem ein gewisses Bild der „Realität" vermitteln. Aber noch tiefer „rein" geht die Werbung. Die wurde ja auch von speziell ausgebildeten Werbepsychologen gemacht, die ganz genau wissen, was sie tun. Wir sollen ja kaufen. Und wir kaufen das, was wir dringend brauchen; und natürlich brauchen wir nicht dieses neue Parfum oder jenen Schokoladenkuchen. Was wir wirklich brauchen, ist das, was uns damit in der Werbung suggeriert wird: Harmonie, Gemeinschaft, Liebe, Abenteuer, Entspannung... und Freude! Und viele Menschen in Dominica und sonst wo auf der Welt, wollen nun auch so werden „wie wir". Und kaufen Weihnachtsschmuck in der Hoffnung, auch so ein friedliches und fröhliches „Fest der Liebe" erfahren zu dürfen wie wir. Wenn die wüssten, wie es bei uns wirklich aussieht. Klar, gibt es freudige Feste und Erlebnisse zwischen Paaren, Freunden und in der Familie. Sogar Weihnachten. Aber mit dem, was in der Werbung suggeriert wird, hat das meist wenig zu tun. Und Freude, richtige, tiefe Lebensfreude ist bei uns sehr selten geworden, findest du nicht? Wenn jemand in der U-Bahn glücklich vor sich hinlächelt, halten ihn alle für verrückt. Ist doch so! Wann warst *du* das letzte Mal so richtig fröhlich? Oder wirklich begeistert, oder lebendig? Wolltest springen, laufen oder tanzen vor lauter Freude am Sein und purem Lebensglück? Wann hast du das letzte Mal so gelacht, dass dir dein Bauch weh tat? Was macht dir wirklich Freude, was beglückt dein liebes Herz? Kannst du Freude *sein*?

ICH BIN FREIHEIT

Es gibt ein wunderbares Büchlein von Thich Nhat Hanh mit dem Titel „Frei sein, wo immer du bist". Ursprünglich war es ein Vortrag, den der schon erwähnte Zen-Meister (und einer meiner verehrtesten Lieblingsautoren) gehalten hat; und zwar in einem amerikanischen Gefängnis! Den Mut muss mensch erstmal haben. Und diese Überzeugung! Thich Nhat Hanh ist Mönch, aber nicht einer von diesen weltabgewandten Meistern, die sich von der Welt zurückziehen: er macht den Buddhismus mit seiner Achtsamkeitspraxis auch für uns „Westler" verständlich und in unser aller Leben integrierbar. Und er war und ist politisch sehr engagiert und wurde deswegen aus seiner Heimat Vietnam verbannt. Seit vielen Jahren lebt er im Exil in „Plumvillage" bei Bordeaux in Frankreich (siehe auch im Kapitel „Kooperation"). Thay, wie ihn seine Freunde liebevoll nennen, sprach in seinem Vortrag im Gefängnis natürlich über die *innere* Freiheit, die uns zur Verfügung steht „wo immer wir auch sind", sprich auch in äußerer Gefangenschaft. Dies ist eine Freiheit, die auch frei ist von unserem „kleinen", da separierten "Ich". Eine Freiheit, die in Vollkommenheit wahrnehmen und zulassen kann, „was ist". In letzter Konsequenz ist es die Freiheit von der Trennung in Subjekt und Objekt, vom Beobachter und Beobachteten. Wobei wir wieder bei der Quantenphysik sind und bei der Einheit allen Seins. Aber wer noch nicht so weit ist: wie kann ich in einem Gefängnis „frei" sein? Ich meine jetzt ein ganz reales oder die „Gefangenschaft" in Berufe, Krankheiten oder andere äußere Umstände. Ich kann die Chance nutzen, um mich selbst und andere besser kennenzulernen; ich kann mein Bewusstsein schulen, meine Achtsamkeitspraxis vertiefen und vieles andere mehr. Immer und überall habe ich die Freiheit zu *sein*. Und wahrzunehmen, was ist. Das ist beruhigend. Aber mir persönlich reicht das nicht, ich will noch so viel mehr! Ich will frei sein von kollektiven Konditionierungen und destruktiven Mustern. Ich will frei sein, meine ureigene Kraft zu leben und in Liebe und Freude mit anderen und der Welt verbunden zu sein. Was bedeutet Freiheit für dich? Weißt du, dass du schon frei *bist*!?

ICH BIN

VISION

In meiner Jugend gab es einen Spruch: „Stell dir mal vor es gibt Krieg und keiner geht hin." Den mag ich immer noch. Warum machen wir denn den ganzen Wahnsinn eigentlich mit? Warum kann mensch an unseren Universitäten die unglaublichsten Dinge studieren, aber es gibt kein einziges Institut für die Fragen nach einem „sinnvollem Leben" oder mehr Liebe in der Welt...? Findest du das garnicht eigenartig? Ich schon. Aber all' das hat natürlich Methode: alles soll ja so bleiben, wie es ist. Wenn wir alle *wirklich* „mündige Bürger" wären, welche auch noch in liebevollem Gewahrsein ihrer Selbst und ihres Umfeldes leben und handeln würden... ja dann, wäre nichts mehr so wie zuvor. Und dann wäre auch unser Wirtschaftssystem so nicht mehr möglich. Unsere Beziehungen würden sich verändern, unser Umgang mit uns selbst und mit der Natur. Wir würden anders leben *wollen*, weil unser jetziges Leben zwar ziemlich sicher und komfortabel ist, aber auch leer und irgendwie „getrennt". Zu viel Arbeit, zu viel Stress und Überforderung, zu viel Routine und Fremdbestimmung. Und dafür viel zu wenig Liebe, Leichtigkeit, Kreativität und pure Lebensfreude! Für uns selbst und auch für unsere Kinder. Unsere Schulen kann ein Kind ja auch nur ertragen, wenn es gelernt hat, sich selbst nicht mehr wirklich wahrzunehmen. Es ist nicht irgendwie „abartig", wenn ein Kind sich bewegen will und seinen eigenen Interessen folgen, sondern wenn es den ganzen Tag auf dem Hintern sitzen und dem Lehrer folgen kann. *Das* ist unnatürlich. Vielleicht hört sich das für dich zu radikal an, du hast deine Schulzeit ja auch nicht als „so schlimm" empfunden. Und da sind wir wieder beim kollektiven „Konsens", der nicht in Frage gestellt werden kann, der ja ganz „normal" ist und zudem auch noch unbewusst. Vor einigen Jahren habe ich einem Schüler Nachhilfe in Latein gegeben. Er kam auf ein humanistisches Gymnasium und musste natürlich diese ganzen uralten Sprachen lernen. Er war mit Latein schon überfordert und dann kam auch noch Alt-Griechisch dazu. Was für ein Unsinn, wenn mensch nicht grad

Altertumswissenschaftler werden will. Und dieser Junge wollte raus, wollte spielen und mit den anderen, „einfacheren" Kindern toben. Aber er musste Zuhause sitzen und büffeln. Er ging die Wände hoch, war verzweifelt. Ich konnte das nicht ertragen und sagte den Eltern, dass ich die Nachhilfe abbrechen muss und ihnen raten würde, ihren Sohn nicht noch immer weiter zu überfordern. Sie machten aber weiter und ihr Sohn wurde ein braver und „exzellenter" Schüler. Aus meiner Sicht war er „gebrochen" worden, wie wir alle in gewissem Maße. Warum ich das alles gerade hier erzähle? Weil ich die Schule und unser Erziehungssystem für ein sehr gutes Beispiel halte für unsere, oft „unmenschliche" Kultur, die Menschen zwar nicht mehr mit Prügel bestraft, aber dennoch rücksichtslos zwingt, sich dem Konsens anzupassen. Und der heißt immer noch: verhalte dich, wie es von dir verlangt wird; lerne, was dir vorgegeben wird; setzte dich durch und sei besser als andere; unterdrücke deine Emotionen; arbeite so viel du kannst oder noch ein wenig mehr; wisse nur so viel, dass es dich nicht zu nachdenklich macht oder verdränge es einfach; bleib' in deiner sicheren Komfortzone und mach' es dir darin richtig gemütlich; wenn du und dein Kind ob all' dem krank werden, gibt es ja Medikamente: Schmerzmittel, Antidepressiva, Ritalin... Aus meiner Sicht ist unser „soziales" Erziehungs- und Bildungssystem genauso wenig sozial wie unsere „Soziale Marktwirtschaft" oder unsere sogenannte Demokratie. Natürlich war schon alles viel, viel schlimmer und könnte auch jetzt noch schlimmer sein. Aber ich finde es jetzt und hier schon schlimm genug. Von Naturzerstörung, Kriegen und weltweiter Ausbeutung mal ganz abgesehen. Natürlich hat unsere Kultur auch wunderschöne und förderliche Aspekte: Kunst, Wissenschaft und Technik, die immensen Möglichkeiten der digitalen Verknüpfungen. All' das könnten wir als Menschen so wunderbar nutzen für eine *konstruktive* und *kooperative* Kultur! Wir haben alle Mittel - geistig, materiell, technologisch - um ein Paradies auf Erden zu erschaffen. Aber wir rennen alle wie psychotische Lemminge in Richtung Abgrund und schauen nicht mal nach rechts oder links. Oder hielten gar inne und fragten uns: was geht hier eigentlich ab? Was passiert hier? Mit mir, mit meinen Kindern, mit der Welt? Mit uns allen?

Doch gibt es sie: Menschen, die *hinschauen*. Und ihre Schlüsse daraus ziehen. Und etwas *machen*. Die *gibt* es, und zwar immer mehr. Menschen, die neue Lebensformen erschaffen oder ihre Ernährung umstellen; Menschen, die sich wirklich informieren und ihr Konsumverhalten danach ausrichten; Eltern, die nach Alternativen zur herkömmlichen Schule suchen; Jugendliche, die sich sozial oder ökologisch engagieren; Tauschring-Projekte, Komplementärwährungen oder Solidargemeinschaften etc. Und es gibt immer mehr Menschen, die in ihrem Gebiet (ob Wissenschaft oder nicht) nach den tieferen Ursachen unserer „gesellschaftlichen Krise" suchen und auch Lösungen anbieten. Meine aktuellen „Lieblinge" sind Gerald Hüther und Charles Eisenstein. Letzterer hat mehrere Bücher verfasst, die teilweise sehr umfangreich und allesamt sehr lesenswert sind. Als Einstieg eignet sich vielleicht am besten: „Die schönere Welt, die unser Herz kennt, ist möglich." Eisensteins Grundthese ist, dass all' unsere „Probleme" auf Separation beruhen, und dass diese Trennung Teil eines größeren evolutionären Prozesses ist, der sich grad seinem Höhepunkt nähert und - so die schöne Vision - ins „Zeitalter der Wiedervereinigung" führen wird. Das hört sich für dich jetzt vielleicht nach esoterischer Phantasie an, ist es aber nicht. Schau' mal in die 784 Seiten seines Werkes „Die Renaissance der Menschheit", wenn du es genauer wissen willst. Du wirst erstaunt sein. Gibt es übrigens auch zum Download als PDF im Internet. Und Gerald Hüther ist ein Biologe und Hirnforscher, der diverse Bücher verfasst hat, die auch allesamt sehr lesenswert sind, z.B. zur „Biologie der Angst" oder zur „Evolution der Liebe". Besonders schön finde ich sein kompetentes und ganz praktisches „Einmischen" in die heutige Diskussion einer menschlicheren Erziehungs- und Schulform. Mit Büchern wie „Jedes Kind ist hochbegabt" hat Hüther nicht nur eine neue Dimension dieser Diskussion angeregt, sondern gibt auch Eltern und Schulen ganz konkrete Möglichkeiten zur praktischen Umsetzung seiner Schlussfolgerungen aus den

Forschungsergebnissen. Einfach toll. Und für mich einer der wichtigsten Grundlagen, um die „Welt zu verändern" und eine Kultur zu initiieren, die *für* das Leben ist und nicht dagegen!

Meine eigene Vision einer solchen ist eine „Kultur der Liebe". Eine Kultur, die auf Wertschätzung des Lebens basiert und auf einer „Menschlichkeit", die wir schon lange verloren haben. Wie wir an unserer heutigen Zeit und auch der kompletten Geschichtsschreibung sehen können, ist der Mensch zu vernichtendem und grausamen Verhalten fähig, wie kein Lebewesen vor ihm, so auch in der Dimension seiner Zerstörungskraft. Manchmal könnte ich an diesem Wissen fast verzweifeln. Aber ich weiß tief in mir, dass Menschen auch anders sein können. Es gab friedliche Kulturen in unserer Vorgeschichte und es gibt immer noch Reste davon in den abgelegensten Teilen dieser Welt. Es ist also *möglich*. Menschen *müssen* nicht aggressiv und destruktiv sein. Sie werden dazu *gemacht*. Und zwar in allererster Linie durch die Prägung in der frühesten Zeit ihres Lebens: als Ungeborene im Mutterleib, durch die Art der Geburt und der direkten Zeit danach und die Erfahrungen in der frühen Kindheit. Dort liegen die Wurzeln. Die *Wurzeln der Liebe* oder die Wurzeln der Angst. Dazu kommt dann noch die „Bewusstheit" einer Kultur. Und die wächst und gedeiht natürlich am besten in Menschen, die *gefördert* werden wach, lebendig, kreativ und selbstbestimmt zu sein. Angstfreie und wahrhaft „selbst-bewusste" Menschen sind von ganz allein liebevoll. Und gehen natürlich *nicht* in den Krieg. Wozu auch?

Außerdem haben diese Menschen viel Besseres zu tun. Stell dir mal vor, es gibt eine **„Kultur der Liebe"** und alle machen mit!

ÜBER MICH

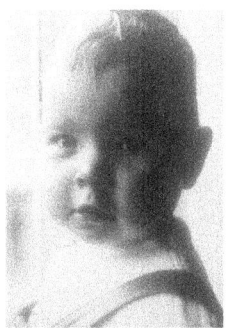

Ja, das bin ich vor einigen Jahrzehnten, geboren 1968 im kleinen Städtchen Celle in Norddeutschland, später dann aufgewachsen in Hamburg-Harburg. Mehr als diese Orte haben mich die Menschen meiner Umgebung geprägt und die Zeit, in die ich hineingeboren wurde. Meine Kindheit war eine ganz spezielle Mischung aus „Heilung und Bewusstsein" (meine Mutter war Allgemeinärztin, mein Vater Psychoanalytiker), aus „Revolution" (antiautoritärer „Kinderladen", künstlerisches Experimentieren, kommunistische Ideen) und psychischen Herausforderungen. Meine Eltern waren getrennt und besonders für meine Mutter waren es schwierige Zeiten. Und beide haben oft das Gefühl gehabt, mir nicht genug „Basis" gegeben zu haben, um in dieser Welt zurecht zu kommen. Gerade auch, da ich mich seit Jahrzehnten „weigere", ein angepasstes Leben zu führen (was ich persönlich aber für ein sehr *gutes* Zeichen halte! Danke für *alles*!). Nach dem Abitur bin ich erstmal zu nordamerikanischen Indianern und Farmen gereist, weil ich hoffte, dort eher das zu finden, was mein Herz ersehnt (damals noch größtenteils unbewusst). Das hat natürlich nicht funktioniert. Habe dann hier mit einem Studium der Vorgeschichte versucht, meine *eigenen* Wurzeln zu finden, logischerweise auch erfolglos; dann Tierheilpraktikerin, Arbeit in der ökologischen Landwirtschaft, abgebrochenes Studium der Agrarwissenschaften. Dann endlich habe ich etwas Ungewöhnliches, aber wenigstens Praktisches studiert und auch abgeschlossen: ich „bin" Diplomingenieurin für Kartographie & Geoinformatik, habe an der Fachhochschule München gearbeitet und gelehrt... und bin wieder ausgestiegen. Um mich doch dem Bewusstsein und der Heilung zuzuwenden. Nach vielen Jahren der therapeutischen Ausbildung und dem „Heilpraktiker für Psychotherapie" entwickelte ich meine ganz eigene Art der seelischen Begleitung in der Natur, deren Basis „Loving Awareness - liebevolles Gewahrsein" ist.

Auf meiner Website findest du Informationen zur persönlichen **Begleitung** und zu **Seminaren**, dazu Links und bald einen Blog. In den folgenden Monaten werde ich an der englischen Version von „Loving Awareness" arbeiten. Und an einem nächsten Buch, welches mein „tiefstes" Lebensthema zum Inhalt haben wird, meine ganz reale Vision einer „Kultur der Liebe". Da ich mich in dieser Zeit anteilig in Dominica aufhalten werde, kann ich meine Erreichbarkeit nicht absolut garantieren, werde aber dafür sorgen, oft online und (Solar-)Strom versorgt sein. So ist eine Kontaktaufnahme auch aus der „Ferne" möglich und ich freue mich auf einen echten, lebendigen und fruchtbaren Austausch.

Von Herzen alles Liebe -

Susanne

www.loving-awareness.de

Deine Notizen...

DANKE

www.ingramcontent.com/pod-product-compliance
Lightning Source LLC
Chambersburg PA
CBHW031443040426
42444CB00007B/955